"제 인생의 전부가 되는 사랑하는 가족과
귀한 인연이 된 당신께 소박한 제 이야기를 들려드립니다."

님께
_____

이기용 드림

가마골 블루베리 농장

이기용 수상집

이 책을 하늘나라로 먼저 간 아내 고은심님께 바칩니다.

가마골 블루베리 농장

이기용 수상집

추천의 말

강미애

변변하지 못한 저에게 이렇게 글을 쓸 수 있는 기회를 주셔서 이기용 회장님께 먼저 감사의 말씀을 드립니다.

"이 세상에 대충해서 되는 일이 하나도 없다. 그렇게 호락호락하지 않다. 피, 땀, 눈물 없이 과실이 열매를 맺을 수 없고, 우리 인생의 열매 또한 맛볼 수 없다."라며 모든 일에 진지하게 열심히 다가서신 분에게 누가 되지 않기를 바라며 조심스럽게 써 보려합니다.

흰머리 날리시며, 어린아이 같은 미소를 얼굴에 가득 담고 계신 회장님은 무주군 설천면 지리산 줄기 향적봉 아래에서 늦둥이 아들로 귀하게 어린 시절을 보내셨습니다. 넉넉하지 못한 가정 살림에, 부모님의 손을 빌리지 않기 위해 주경야독으로 공부를 하시며 꿈을 만들어오셨습니다. 사업체에 불이 나서 잿더미로 변했을 때에도 두 손 불끈 쥐며, '다시 힘을 내자!'고 오뚝이 정신으로 사업을 일으키셨습니다.

60대에 제3의 인생을 시작하자는 생각으로 '박수칠 때 떠나야 한다'며 사업체도 뒤로하시고, 노랑무늬 옥잠화, 맥문동, 돌단풍, 수호초, 목단꽃, 상사화, 수선화들이 둘러쳐진 블루베리밭을 가꾸시며 농사에 매진을 하고 계십니다.

회장님은 세종에 파크골프가 전무했던 시절 특유의 열정과 추진력으로 2,000여명이 넘는 회원들이 있는 파크골프 모임을 만드시고, 파크골프 경기에 어려움이 없도록 세종의 파크골프를 정착을 시키신 명실상부한 세종 파크골프의 산 증인이십니다. 80이 넘으신 그 연세에도 전국을 누비시며 대회도 치르시고, 세종시 회원들이 안전하고 즐거운 파크골프를 칠 수 있도록 두발로 뛰어 다니시며, 도움을 주고 계십니다.

회장님은 또한, 사람에 대한 신뢰도 꿋꿋하십니다. 40년 지기 소 반장님.

아침 4시 30분에 기상하시고, 5시 30분에 소 반장님을 모시고 블루베리 농장에를 가십니다. 소 반장님도 80이 넘으셨습니다. 그 소 반장님은 블루베리 농장일을 같이 하시며, 40여년을 동료로 의지하며 지내오신 삶을 보면 사람에게 진심이시다는 생각이 듭니다.

학자로서, 장관으로서도 열심히 사셨던 이어령 선생님께서는 '마지막 수업'에서 '내게는 친구가 없다. 그래서 내 삶은 실패했다.'라고 하셨다는데, 40년 지기 친구가 계시다는 회장님은 정말 행복한 분이십니다.

고은심님

회장님은 마나님을 이렇게 부르십니다. '00엄마'라고 하지 않으시고, 고은심님.

상대방에 대한 배려가 넘쳐나는 호칭입니다. 사랑하는 사람에 대한 존경의 마음이 가득 담긴 부름이십니다.

고은심님은 기원을 운영하셨는데 바둑애호가들이 가장 많이 찾던 기원이었습니다.

늦게까지 손님이 많았던 명소였지만 흡연이 허락되던 시대라 고은심님의 건강이 염려되어 아쉽게 기원을 접을 수밖에 없었습니다.

고은심님은 음식솜씨도 좋으셨습니다. 봄이면 쑥부침개를 간식으로 해주어 행복한 오후를 보내게 하셨고, 아침에 따끈한 닭백숙을 내놓아 하루가 든든하게 하셨습니다.

그 아름다웠던 고은심님이 회장님 곁을 영원히 떠나셨습니다.

회장님은 상실감이 무척 크셨던 것 같았습니다.

얼마 전 식당에서 회장님을 뵈었습니다. 그간 얼굴이 좀 상하신 듯 했습니다. 그런 모습을 뵈니 마음이 무거웠습니다.

'사랑하던 고은심님을 먼저 보내시고 많이 힘드신가보다...'라는 생각이 들었습니다.

'이승과 저승이 순간이던가? 야속한 사람! 이 밤엔 전등이 너무 밝다. 금방이라도 눈이라도 내릴 듯 날씨마저 음산한 이 밤에 잠이 들 수 없을 듯하다. "여보"하고 부를 상대가 없으니 우두커니 벽만 쳐다본다.'

본문에 친구 분이 아내를 먼저 떠나보내고 쓴 글이라하며 글을 옮겨놓으셨습니다.

우리 회장님도 이 마음과 같으시겠지요?

회장님은 블루베리를 다 따고 나면 다시 영양 가득한 거름을 나무에 주신다고 하십니다. 그래야 블루베리는 건강하게 겨울을 나고, 다시 튼실한 열매를 맺는다고 합니다.

회장님은 오늘도 출근을 하실 것입니다.

백류정사가 있는 가마골 블루베리 농장으로. 오뚝이처럼.

회장님은 '노인의 옷을 입은 영원한 청년'이시니까, 스스로 그러하게 자연과 닮게 살아오셨으니까!

회장님!

지금처럼 건강하시고, 열정 가득한 하루하루 되시기 응원합니다!

강미애 드림

평설

李貞熙(시인.수필가.문학박사.국제펜대전시위원회 회장)

글을 쓴다는 것은 시인이나 수필가 또는 소설가들만의 전유물이 아니다. 그런데 일반대중들은 글을 아무나 쓸 수 없는것처럼 생각하고 있다. 글자를 알고 생각이 있는 사람이라면 누구나 글을 쓸 수 있다. 과거에 인터넷이 발전하기 전에는 가족간이나 친구들 사이에 또는 연인들 사이에 편지를 주고 받는 것이 일상이었다. 현대에 와서 휴대폰이 일반화됨으로써 그저 간단하게 문자를 주고 받는 형태로 간소화 되었다.

글에는 편지나 일기 등이 문학의 일부로 각광을 받았던 때가 있었다. 그리고 일기는 개인의 일상이나 느낌을 기록해 놓은 개인의 역사이기도 하지만 혹시 공개되었을 때 상당히 감명을 주기도 하고 매력적인 글로 평가를 받는 경우도 종종 있었다. 여기에서 소개하는 이기용 회장의 글은 대체로 일기의 수준에 머물러 있지만 그는 일기에서 생활의 기록에 머물지 않고 자신이 행한 활동에 대하여 되돌아보고 반성과 각오를 담담하게 기록해 놓고 있다.

필자는 이 회장과 무척 긴 세월을 친구로 지내 온 사이로 그의 인생관까지는 다 헤아릴 수는 없다 할지라도 그가 지나 온 생활과

활동을 지켜보면서 한 인간의 변화를 지켜 본 증인이기 때문에 감히 그의 수상록에 댓글을 달고자 한다.

필자가 대학에 다닐 때 지금은 고인이 되었지만 김상경과 친하게 지내는 친구였다. 늦은 가을 어느 날 그 친구는 자기의 고교 동창으로 친한 친구가 결혼을 한다고 나에게 결혼식 사회를 맡아 달라고 부탁을 했다. 거절할 수 없는 처지여서 대전 은행동에 있는 동원예식장에서 사회를 보았다. 아마도 제법 그럴싸하게 진행을 했는지 신부의 친정 오라버니 되시는 분이 당시에 문화체육관광부의 문화재 전문위원으로 있었는데 결혼식이 끝나고 내게 와서 내가 마치 전문적으로 결혼식 사회를 보러 다니는 사람인줄로 착각을 하고 치하를 해 주었다. 그래서 그저 친구이기 때문에 사회를 맡았노라고 해명을 한 기억이 있다. 그리고 신부는 신랑의 친구들에게 손수 수를 놓아 만든 손수건을 선물로 주는 풍습이 있었다. 물론 나도 받아서 오래도록 잘 사용했다.

그렇게 이 회장과 알게 되었는데 그는 전북 무주의 설천면에서 5녀1남의 외동아들로 태어났다. 그는 전주이씨로 조선왕조의 태종의 둘째 자제인 효령대군 문중에서 태어난 왕족의 후손인 셈이다. 따라서 그는 명문가의 후손으로 체모를 지키려고 품위를 유지하는데 소홀하지 않았다. 그는 손이 귀한 집안의 외동아들로 곱게 크면서 그곳 설천중학교를 졸업하고 대전공업 토목과를 졸업했다. 당시에 시골 중학교에서 대전공업에 입학하려면 꽤나 공부를 잘 하는 학생이어야만 했다. 그런데 학교를 졸업하고 대구에서 직장생활을 하였기 때문에 한동안 만날 수 없었다. 그는 직장생활을 하면서 주경야독의 정신으로 영남대학교 토목과에서 공부하였고 대전으로 돌아 온 후에 충남대학교 경영대학원에서 전문지식을 쌓았다. 그렇게 얼마간의 세월이 흐른 후에 그는 대전에 돌아와 대우전업사라는 사업을 창업하게 되었고 그 후로 자주 만나 친하게 지냈다. 그의 부인은 수도사대를 졸업하여 청란여중·고에서 국어 교사로 봉직하면서 참으로 열심히 살았다. 그런 후에 이 회장은 사업을 확장하여 대우조명이라는 조명회사를 창업하여 열심히 노력하여 재산도 축적하였다. 그런데 슬하에 아들 둘에 딸 하나를 두었는데 그의 부인의 교육열이 남달랐다. 그래서 아들 덕에 영국과 독일 등 유럽여행을 하는 행운도 잡았다.

그렇게 지내는 어느 날 이 회장은 나를 라이온스클럽에 입회하라고 권유를 했다. 알고보니 라이온스클럽은 사회적으로 성공한 인사들이 모여 봉사활동을 하는 단체였는데 이 회장이 그 단체의 총무를 맡아서 운영하면서 나를 입회시켰다. 그는 사업에 대한 수

완이 남다르기도 했지만 라이온스클럽을 운영하는 조직의 준재이기도 했다. 아무튼 라이온스 클럽에서 함께 활동하면서 우리의 우정도 쌓여 갔다. 한편 대전공업 총동창회 총무를 맡아 동창회를 활성화시키는데 주력하여 동문들의 신뢰를 얻었다.

 그러던 어느 날 그는 갑자기 본인이 운영하던 사업체에서 손을 떼고 지금이야 세종특별자치시가 되어 천지가 개벽하다시피 되었지만 아직은 젊은 나이에 세종시 변두리에 땅을 마련해 놓고 농사를 짓는다고 했다. 농사도 블루베리를 재배하는 일이었는데 유기농법으로 남다른 영농방법을 택하여 노후를 살아가고 있다. 내가 대학에서 정년퇴임을 한 후에 그 농장에 자주 방문하게 되었다. 농장에 들어서면 주차장이 있고 차에서 내리면 그가 이름 붙인 백류정사(白留亭舍)가 남향으로 양지 바른곳에 아담하게 자리 잡고 있다. 소나무며 꽃나무가 한결 운치를 더해준다.
 그리하여 거실에 들어서면 커피를 좋아하는 나에게 커피부터 내 놓는다. 그렇게 담소를 하던 중에 그가 블루베리를 재배하면서 일기처럼 써 놓은 메모장을 보여주었다. 거기에는 영농의 기술은 물론 남다르게 애정을 가지고 블루베리에 쏟는 정이 담겨있었다. 그래서 혼자만 두고 볼것이 아니라 책으로 엮어서 나누어 보기를 권유하였다. 그런데 그의 일기처럼 쓴 글에는 수필에서 느낄 수 있는 진실과 서정이 녹아 있고 그의 삶의 철학이 응축되어 있다.

전문적인 작가에서 느낄 수 없는 매력도 포함되어 있다. 누구라도 공감할 수 있는 필력이 돋보인다.

여기서 그는 지난 해 부인을 하늘나라에 보내고 홀로 외로움을 달래며 살아가고 있다. 그의 부인 고은심 여사는 국어교사로 지낸 경험이 있어 나와 만나 이야기를 하면 문학에 대한 긴 대화가 가능했다. 몇 년전인가 설날 다음 날 집으로 초대를 받아 떡국은 물론 정갈하게 조리한 갈비며 진수성찬을 대접받은 것이 마지막 일 줄은 상상도 못했다. 지난 해 봄에 위중하다 하여 이 회장의 친구 이종구 장로와 함께 고은 꽃바구니를 들고 대학병원으로 문병을 갔다. 그러나 환자와의 면회가 금지돼 있어 보호자인 이 회장을 만나 위로를 하고 돌아왔다. 그 후 얼마 안되어 부음을 듣고 상가에 들렸지만 인생무상을 실감하고 아픔을 함께 했을뿐이다.

이 회장은 그의 일기에서 부인과 있었던 오누이처럼 다정했던 시절을 한숨으로 남기고 있다. '백류정사에서 부는 휘파람'에도 고인에 대한 그리움과 사랑이 녹아 있다. 그는 아직도 청춘의 꿈을 꾸고 있다. 이미 산수를 지났으니 은퇴할 년륜에 이르렀지만 노익장의 후미를 장식하려고 무던히 노력하는 그 의지가 아름답다. 그가 살아 온 인생에서 얻은 소재를 주제로 책 한 권 더 쓸 기회가 있기를 바란다.

추천의 말

변평섭
(전 중도일보사장. 초대 세종시 정무 부시장)

행동하는 자연주의자 이기용 회장

존경하는 이기용 회장님은 일을 위해 태어나신 분 같다. 책에도 쓰신 것처럼 이 회장님은 "나는 나처럼 사는 게 좋다. 내가 할 수 있는 일이 있어서 좋고, 일을 함으로 매일 행복함을 즐길 수 있어서 좋다"고 할 만큼 일을 사랑한다. 일이 없으면 일을 만들어서라도 움직여야 직성이 풀린다. 팔순 백발에 흔히들 쉬어야 할 나이에도 연고 없는 세종시에 뛰어들어 자연 속에 블루베리 농장을 개척하는 모습만 봐도 이 회장님의 열정이 어떤가를 알 수 있다.

젊은 시절부터 일을 하면서 살아 온 터에 팔순에도 쉬기를 거부하고 흰 머리카락을 날리며 농장에서 일하는 모습을 보면 참으로 존경스럽기 그지없다. 그렇게 늘 움직이며 일하기 때문에 정신적으로나 육체적으로도 젊은 사람 못지않게 강하고 생각도 긍정적이다. 그 분의 철학 역시 '자연주의자'다. 18세기 유럽의 대표적인 철학자 장쟈크 룻소가 인류의 모든 문제를 푸는 길을 제시하면서

'자연으로 돌아 가라'고 했는데 어쩌면 이 회장님은 그렇게 살아 온 분 같다.

이 회장님이 태어난 곳부터가 자연의 풍요로움이 가득한 전북 무주군 설천이다. 소백산맥 중의 산간시대에 위치하여 풍치(風致)가 수려하며 무주 설천의 반딧불이는 매우 유명한데 매년 9월 전국 유일의 반딧불 축제를 할 만큼 생태환경이 청정한 고장이다. 이런 환경에서 태어나고 어린 시절을 보낸 이 회장님의 심성도 그 자연환경만큼 순수하고 그 정신 또한 '자연주의자'일 수 밖에 없을 것이다. 노년에 세종시에 들어와 유기농 블루베리 농장을 개척하고 블루베리는 물론 주변에 아름다운 꽃나무를 심고 조경을 한 것 역시 '자연주의자'의 모습일 것이다.

나는 대전에서 이 회장님이 여러 분야 사회활동을 할 때부터 알게 되어 가까이 지냈는데 특이한 것은 동구에 살던, 중구에 살던, 또는 서구에 살던 그 곳에 정착하면 자신의 고향처럼 지역을 아끼고 봉사활동을 하는 것이다. 세종에 와서도 마찬가지다. 잘 모르는 사람은 이 회장님이 세종이 고향인 줄 알 정도로 지역에 애착을 갖고 있다. 그 좋은 예가 세종시에 파크골프 붐을 일으킨 것이다. 파크골프 무풍지대였던 세종시에 파크골프의 씨를 부리고 앞

장서 회원 확장 운동을 전개한 결과 2,000여명이나 되는 전국 자치단체 가운데서도 몇 째 안가는 조직을 만들었다.

　이 회장님은 이들 회원들을 이끌고 각종 대회에 출전하며 우승을 하는 등 헌신적으로 봉사하고 있다. 이런 스포츠가 널리 보급되고 특히 노인사회에서 활성화되면 지역사회 분위기도 좋아지고 시민 건강에도 도움이 된다는 것이다. 파크골프 뿐 아니라 지역사회에 도움이 되는 것이라며 이해관계를 떠나 앞장 서신다. 내가 초대 세종시 정무부시장으로 있을 때도 자주 내 방에 들려 지역문제를 건의도 하고 함께 고민하였는데 정말 순수한 마음의 소유자다. 정치에 대해서도 해박한 분석력을 가지고 있었으며 그렇다고 직접 정치에 나서는 것은 반대했다. 나는 이 회장님과의 대화 중 '자유주의'에 대한 강한 신념의 소유자여서 뜻이 통했다.

　어떠한 경우에도 '자유주의'의 가치가 위협받거나 변질되어서는 안된다는 것이 우리의 생각이었다. 이 회장님의 정말 존경스러운 점은 가족 사랑이다. 어릴 때 아버지에 대한 존경심, 어머니에 대한 사랑이 깊었으며 성년이 되어서는 사모님과 자녀들, 그리고 나이가 들어서는 손자들에 까지도 남다른 애정을 가지고 살아왔다. 그렇게 뜨거운 부부의 정을 갖고 사셨던 이 회장님이 지난 해 갑

자기 사랑하던 사모님을 떠나 보내 셨으니 얼마나 마음이 아팠을까? 걷잡을 수 없이 많이 눈물을 흘렸다는 이 회장님의 그 슬픔은 너무 감동적이다. 그래서 그동안 일기로 써온 글을 이렇게 책으로 만들어 하늘나라의 사모님께 바친다는 것이니 정말 나도 마음이 뜨거워지며 눈을 감고 사모님의 명복을 빈다. 그리고 존경하는 이 회장님의 멋지게 살아온 그 인생이 끝까지 아름답고 건강하기를 빌며 감히 추천의 글을 쓴다.

목차

서문   22

설농탕집 단상, '고은심님'을 향한 부채의식   27

반백년 인생 동반자, 고은심님의 '미생'   43

노년의 즐거움 하나 더! 파크골프   49

왜! 블루베리?   55

박수칠 때 떠나라 - 사업가에서 블루베리 농사꾼으로   63

여든 넘은 농부의 쾌거,

이 나이에 나만큼 즐겁고 재미있게 사는 사람 있으면 나와 보라고 해   71

가마골 농부의 사유   81

문학 박사 이정희 교수 <빈자리>   85

인연, 귀인이라는 이름으로 되갚다   91

벽촌의 도련님 - 지역 명문가의 귀한 아들   97

수채화 같던 고향마을, 걸맞는 가풍   101

대처로의 한 발자국, 대전 입성   107

주경야독, 오늘의 나를 만든 토대   113

짧은 군 생활 - 추억으로 남은 8개월   117

운명의 만남, 인생의 배필을 얻다   119

환향, 아버님을 일찍 보내 드리며   123

나의 이야기   126

가마골사랑 - 나의 동반자 고은심 글   137

2020년의 일기들   143

우리 아이들, 양보 배려 대신에 사랑이라는 이름으로   199

주는 마음, 보살피는 손길이 자식과 다를 바 없는 가마골의 열매들   203

에필로그   214

고은심 여사의 숨결이 배인 유품들   222

서 문

_____

백류정사에서

2023년 6월 2일 고은심여사가 하늘나라로 먼 길을 떠났다.
애통한 마음을 어디에 놓아 둘 곳이 없다.
고맙고 미안한 사람, 사랑하는 당신에게 이 책을 바칩니다.

백세인생이라는 말이 귀에 익숙하다. 그 백세의 8할을 넘어섰으니 봄, 여름, 가을, 겨울. 인생의 사계절을 지나왔다. 남들은 겨울이라고 할 나이에 접어들었지만 나는 나이와 상관없이 수확의 기쁨을 맛보고 이제 겨울을 준비하는 초입에 발길을 들여놓았다. 스스로에게 인심을 조금 더 쓴다면 만추(晩秋)라고 할까?

연어가 회귀하듯 거슬러 올라가보면 나의 지난날이 여름날 오수(午睡)처럼 짧지만 여운은 깊다. 벽촌의 말끔한 도련님이었던 내가 흰머리의 노익장을 과시하는 때를 맞이했다. 하루하루 선물처럼 주어졌던 그 날들을 허투루 살지 않았기에 미련도 없지만 근자(近者)에는 병석의 아내를 지켜보는 마음의 부침이 컸다. 아내에게 힘이 되지 못한다는 생각에 머물자 거칠 것 없던 나도 상실감에서 벗어나기 힘들었다. 결국 아내를 먼저 떠나 보내는 크나큰 슬픔과 만났다. 내내 그립고 미안한 사람으로 남을 것이다. 그래서 또 딛고 일어서야 한다.

　세상 모든 이치에 '우연'과 '필연'은 없다. 삶이 본래 그렇듯, 모든 과정과 결과, 가치와 진실은 대부분 성실한 자세와 올바른 의식으로 일구어낸 것이다. 구태여 다른 예를 들 필요 없이 '자연'을 보면 알 수 있다. '스스로 그러하다.'라는 뜻풀이 그대로 자연은 있는 그대로 꾸밈없이 정직하다. 게다가 더없이 조화롭기까지 하다.

　광활한 미지의 우주는 논외로 하고 우리네 삶의 터전인 지구만 보아도 알 수 있다. 지역에 따라 다르긴 하지만 세상의 중심, 우리 대한민국은 예로부터 사계절이 분명한 은혜로운 한 해, 또 한해가 주어졌다. 애써 계획하지 말고 주어진 환경대로 일 년을 살아내라는 듯 태양은 스스로 빛을 조절하고 또 달은 가깝지도 멀지도 않게 빈 하늘을 채운다.
　인생 또한 그렇다. 어릴 적부터 노년까지, 그 나이에 걸맞은 역할과 사건들이 있어서 더없이 조화롭게 흘러간다. 나이를 의식하지 않지만 내다볼 수 있는 '내일'보다 돌아볼 어제와 오늘이 더 길다는 것을 스스로 알기에 이토록 아름다운 날에 내가 머무는 '백류정사(白留亭舍)'에서 휘파람을 분다. 여든이 넘어 머리에 하얀 눈이 내려앉은 '노인의 옷을 입은 청년' 이 부는 휘파람소리!

매일 나의 애마 '라보'를 타고 출퇴근을 하고 블루베리를 자식처럼 키우면서 그날그날의 단상(斷想)을 적어놓았다. 지나고 들춰보니 농부의 쓸데없는 말이나 연민이 아닌 나의 사유와 철학이 행간에 담겨 있다.

사랑하는 아내, 자식 같은 블루베리, 그리고 소중한 인연들의 이야기를 다 담을 수 없지만 일기 몇 편을 발췌해 작은 책에 남겨놓는다. 나의 유년의 기억부터 80년을 지탱해온 인생의 궤적들도 단편적이지만 들추어보는 시간을 갖는다. 노년의 청사진을 미리 그려놓고 서산에 걸친 붉은 태양처럼 살고 싶다는 생각으로 살아왔다. 그리고 실행했고 이루었다.

아, 여유로운 산들바람이 열심히 일한 나를 씻어주는 '오늘'

나는 지금, 여기에서 아직 시들지 않는 현역이다.

- (백류정사) 가마골 블루베리농장의 봄 -

사랑하는 아내 고은심 여사
비단 밥뿐이었을까. 그림자처럼 내 뒤를 돌봐준 사람이건만
세상의 즐거움을 나 혼자 차지하는 건 아닐까

설농탕집 단상, 고은심님을 향한 부채의식

* 2022.12.11(일) *

참 맛있게 점심식사를 했다. 오늘도 나에겐 가장 아름답고 행복한 날 이었다. 오전 11시에 세종시 체육회장 오영철 후보가 다녀가셨다. 시계 분침은 12시 30분에 멈춰있었다.

점심식사 장소를 어디로 정할까 망설이던 중 고복저수지 해물칼국수 집이 문득 생각나서 농장에서 운전대를 잡고 출발을 했다.

식당입구에 예약 순서대기 단말기가 코딩이 되어있었다. 대기번호 45번, 잠시 기다리는 동안 뒷 골목 설농탕집이 보였다. 기다리는 시간이 부담이 되어 설농탕집으로 발길을 옮겼다.

설농탕집 메뉴도 새롭고 친절하게 음식을 설명해주는 주인이 인상적이었다. 맥주도 한잔 시원하게 들이키고 별식에 별미를 나 혼자 먹으면서 문득 집에서 혼자 외롭게 점심식사를 하는 고은심님이 생각났다.

나에겐 가장 소중한 내 인생의 동반자 고은심님이 그리워지면서 죄스럽기도 했다. 음식을 극도로 가려서 혼자서 외롭게 식탁에서 삶은 누룽지 한그릇에 배추 속 한 가지만 쌈장, 된장에 찍어서 먹고 있을 생각을 하면 가슴이 미어지고 몹시 괴롭다.

비단 밥뿐이었을까. 그림자처럼 내 뒤를 봐준 사람이건만 세상의 즐거움을 나 혼자 차지하는 건 아닐까 부채의식이 올라왔다.

* 2023년 4월 30일 *

여보,

나. 1층 로비에 머물다가 갈 곳 방향도 못 잡고 일어나 병원 밖으로 나왔어요.

당신 침상에 양손 양다리 묶여 있는 것 차마 볼 수도 없고 흘러내리는 눈물만 훔치며 보탬도 도움도 못주는 한계를 느낍니다. 집으로 갈까. 농장으로 갈까. 내가 갈 곳도 찾지 못하고 있구려.

속히 빨리 일어나 나 좀 편하게 도와주시구려, 여보.

- 우리 부부 일본 여행 관광지에서 -

당신이 병상에 누운 지가 오늘이 4주째 되는 날입니다. 4월 2일 주일 날 밤 거실에서 침실로 들어가면서 불운이 닥쳤습니다. 거실 바닥에 넘어져서 손으로 허벅지를 더듬고 어루만지며 미동을 못해서 자고 내일 날 밝으면 병원에 가자고 하다가 심상치 않아 119 응급 구호차량을 불러 병원 들어 온지가 4주가 지났습니다.

대학병원에서 치료받으면 바로 일어나 걷고 활동 할 줄 알았는데 4주가 지나도록 차도가 보이지 않고 사경을 헤매는 당신이 너

- 영국 레이크 파크 공원에서 -

무 가엾습니다. 무기력한 내 자신이 원망스럽습니다.

  왜 이렇게 눈물이 흘러내린답니까?

  여보.

  아파트 현관문 열고 들어 올 때마다 "우리 집이 좋아, 우리 집이
편해" 하던 말 언제 또 다시 들려줄 거예요?

  싱싱장터 도담 매장 들러서 쌀빵, 콩나물, 오이, 유정란, 아삭이
고추, 깎아서 밀봉해 놓은 감자랑 사서 집에 왔어요. 나 어떻게 살
아가야 할지?

  * 2023년 5월 14일 (일요일) *

  소 반장님 농장 출근 시켜놓고 어제 수리 해온 4륜 예초기가 시
동이 안걸려 다시 탑차 뒤 냉동실에 실은 채 지하주차장에 주차해
놓고 5층 고은심님 병실로 올라갔다.

  얼굴 안색 표정이 편안하게 보였다. 입속이 건조하게 보여서

  "물 좀 마시게 줄까요?" 물었다.

  침대 뒤 받침 의자를 의지하지 않고 앉을 수 있게 했다. 고은심
님 본인 허리힘으로 반듯한 자세로 침상에 앉아있는 모습을 볼 수
가 있었다. 투병생활 40여일 후 처음 보게 되는 기쁨이었다.

휠체어에 태워서 맑은 하늘 푸른 산 계절의 여왕 5월의 푸름을 보여주고 싶었다.

51병동 수간호사님에게 이해를 구했다. 1층 따스한 햇빛이 있는 꽃길 좀 다녀와도 되겠냐고 이해를 청했다.

"오래 계시지 말고요."

"30분 정도 후에 돌아오리다."

꽃길 휠체어, 우리 둘만의 시간이었다. 환자도 좋아했고 나 역시 말해무엇하리, 잠시나마 행복한 시간이었다.

5층 병상으로 올라와 간병인에게 휠체어를 인계하면서

"침상에 눕히는 것보다 꽃길 한 번 더 다녀오세요."

라고 요청하니 간병인도 기분 좋게 화답 해 주었다.

간병인 휠체어와 1층에서 헤어져 나는 지하 2층 주차장으로 내려왔다. 금성종합기계에 도착해서 사모님 안부인사받고 4륜 예초기 수리를 마친 후 농장으로 돌아왔다.

"수리경비는요?"

"그냥 가세요."

"아니 이 더위에 기계를 해체하고 조립하는 기술 서비스를 하고 그냥 가라구요?"

점심 값이라도 주고 싶은데 한사코 사양해서

"재능기부로 접수 하겠습니다."

라고 인사를 나누었다.

고은심님 회복에 기쁜 마음을 주체할 수 없었는데 금성종합기계에서 주고받은 마음까지 오랜만에 마음 문이 활짝 열리는 기분 좋은 하루가 시작되는 날이었다.

* 2023년 5월 15일 (월) *

오늘 고은심님 세종충남대학병원에서 퇴원하는 날이다. 11시로 퇴원시간이 잡혀있어서 이른 아침 시간부터 퇴원 수속을 하기위해 8시 병원에 도착했다. 51병동 수간호사님께

"오늘 대전재활병원으로 이송이 됩니다. 떠나기 전에 휠체어에 태워 1층 아침햇살 해맑은 공기와 옥외 봄 꽃길을 걷고 떠나보내고 싶습니다."

수간호사님

"재활병원으로 이송 입원이 되면 잠자리가 바뀌고 사람이 바뀌는 환경의 변화가 있습니다. 오래 계시지 말고 잠깐 다녀오셔요."

수간호사님 말이 선뜻 이해가 되지 않았다. 꽃길을 거닐며

"여보 당신 오늘 잠시 후에는 충대병원을 떠나게 됩니다."

떠나는 님아   -오승근 노래-
가려거든 울지 말아요.   울려거든 가지 말아요.
그리워 못 보내는 님   못잊어 못 보내는 님
당신이 떠나고 나면   미움이 끝이 났지만
당신을 보내고 나면   사랑도 끝이 난다오.
님아 못잊을 님아   님아 떠나는 님아
두눈에 가득 이슬이 맺혀 떠나는 나의 님아

님아 못잊을 님아   님아 떠나는 님아
님아 못잊을 님아   님아 떠나는 님아
두눈에 가득 이슬이 맺혀 떠나는 님아
가려거든 울지 말아요   울려거든 가지 말아요
그리워 못 보내는 님   못잊어 못 보내는 님
못잊어 못 보내는 님

사랑하는 아내 고은심여사를 생각하면 눈물이 주르르 흐르는 요즘이다
어느 날 가슴에 확 안긴 노래. 펜으로 직접 써서 내내 불러본다.

알아듣는 듯 마는 듯, 하면서도 나로서는 줄줄 흘러내리는 눈물을 혼자서 흘리며 휠체어 뒤에서 잠시라도 위안과 안심을 주고 싶었다. 봄날의 꽃잎이 너무 아름다웠다. 화려한 가지가지 봄꽃이 고은심님을 환송이라도 해주는 듯 우리를 반겨주었다. 고은심님이 오른손, 왼손 양손으로 머리로 올려 가르마를 타는 여유도 내 눈에는 그저 아름답게 보였다. 51병동으로 올라왔다.

 11시가 되었다. 대전재활병원에서 의료기구 침대를 준비해서 충남대학교 환자복을 벗기고 재활병원 환자복으로 갈아 입혔다.

 오늘은 나현숙 큰며느리, 둘째아들 강호, 딸 은주도 같이 합류해서 동참했다. 엠브란스 이동차량에 환자인 고은심님과 그 옆에 내가 동승해서 42일간 투병생활을 했던 충대병원을 떠나게 되었다.
 잠시 후 도착하여 대전재활병원 입원절차 수속을 진행했다. 어쩐지 서먹서먹했다. 대학병원 분위기와는 전혀 다른 환경이다. 아침에 대화를 나누었던 수간호사 말이 이제야 그 느낌을 알 수 있을 것 같다. 나도 그렇게 느껴지는데 인지기능이 떨어지고 사리분별도 못하는 고은심 환자는 어떨까!
 하는 생각에 가슴이 메어지네요.

여보, 잘 견뎌 내셔야 합니다.

간호사들 말 잘 듣고 주는 약 잘 먹고 하루하루 재활의 큰 기쁨이 오기를 염원합니다.

오후 3시다.

딸 은주차로 집으로 오게 되었다.

"아버지 오늘은 활동하시지 말고 집에서 쉬세요."

아파트로 올라오니 허전한 마음을 감출수가 없었다. 앞 슈퍼에 가서 시장 좀 보고

"배달도 됩니까?"

배달의 도움을 받았다.

내일 소 반장님 출근하는 날이다.

밤10시. 잠자리에서 잠을 청했다. 잠도 설치고 깊은 숙면이 안 된다. 깨고 또 깨고 밤을 지새웠네요.

* 2019년 12월 28일 (토) 최저 −5 최고 7 맑음

황혼의 안식, 백류정사

오늘도 농장으로 향하는 출근길이 아름답다. 따스한 햇빛과 파란 하늘이 나를 반겨준다. 老 정객 이야기 한 마디가 생각난다. "사람 사는 거 별거 아닙디다." 이 말 속에는 여러 가지 의미가 함축된 내용이 들어있는 말로 들렸다. 여생을 멋지게 보내는 분 같이 보였다. 나도 그쪽 비슷하게 살고 있으니 공감이 와 닿는다. 매일 출퇴근 하는 길이다. 가마골 블루베리 농장 출근길은 매일 다니는 길인데도 초행길처럼 느껴진다.

- 가마골 블루베리 농장 카페 영상 -

내가 머무는 곳. 이곳 가마골 블루베리 농장에 터전을 잡은 지가 사십여 년 전으로 내 나이 40대 초반에 터를 잡은 곳이다. 언덕 위에 하얀 집 백류정사(白留亭舍) 이곳이 내가 머무는 곳이다. 내

일상을 보내는 한적한 곳이기도 하다. 제 3의 인생 노후를 준비한 땅이다. 서편에 걸쳐있는 붉은 태양처럼 황혼을 위해 마련해 놓은 터전이다.

농장 주위는 야트막한 동산으로 천혜의 아름다운 자연 환경 풍광이다. 이곳은 나에게 가장 소중한 공간이다. 나와 우리 가족 건강을 지켜주는 곳이고 흘러가는 세월과 동행을 해 주는 곳이기도 하다. 계절이 바뀔 때마다 자연이 변화하는 오묘함, 황홀함에 푹 빠지게 된다. 농장 영농 시작할 때부터 친환경 유기농으로 영농 관리를 해 왔다. 그래서인지 이곳은 온갖 동식물 서식지이며 천국이다. 각기 다른 날짐승 새 소리가 하모니를 이룬다. 곱고 아름다운 새 일수록 인척이 가까운 곳에서 맴돈다.

사랑 받고 싶어서인가. 사랑 주고 싶어서인가. 예쁘게 둥지를 틀었다가 깨끗하게 청소한 것처럼 정리해 놓고 날라 간 흔적을 볼 수 있다. 매년 볼 수 있는 현상이다. 내가 지나 다니는 발자국 소리가 들리는 지근에서 볼 수 있다. 발자국 소리는 들리고 눈으로는 보이지 않는 숨겨진 곳에 둥지를 튼다.

나에겐 소박한 꿈이 있었다. 늘 푸른 초원에서 그림 같은 집을 짓고 살아보고 싶은 꿈이 있었다. 그래서 초가삼간 처럼 조그마한 움막 같은 휴식 공간을 하나 만들어 세웠다. 언덕 위에 하얀 집이다. 벽체도 현관문도 창호도 하얀 백색으로 마감을 했다. 지어 놓고 보니 아름답고 소박하다. 내 집이라 그렇게 보이는지 볼수록 더 멋지다. 이름하여, 이 집 이름이 백류정사다.

내가 머물고 싶은 정자 같은 집이다. 창문 바로 앞에는 단정하게 손질해 놓은 늘 푸른 소나무가 한 그루 서 있다. 양 옆으로는 우측에 영산홍 좌측에 백철쭉 군락지를 만들어 놓았다. 세 계단 내려서면 들 잔디 토종 잔디로 깔아 놓았다. 포장 농로에서 현관문으로 연결되는 잔디 위에는 사각 대리석으로 돌다리를 연결해서 통로로 사용하고 있다. 잔디밭 양 옆으로 소나무와 선비나무 회화나무 느티나무 이팝나무 백목련 자목련이 울창하게 서 있다.

지피지기 식물로는 노랑무늬 옥잠화 맥문동 돌담풍 수호초 목단꽃 뒤뜰에는 상사화가 우리 가마골 블루베리 농장을 나와 함께 지켜주고 숨쉬면서 생존하고 있다. 봄이 오면 온통 꽃동산이다. 잔디밭 주위 영산홍 백철쭉 꽃도 화려하지만 동산에 진달래 꽃 산철쭉 아카시아 꽃들이 만발하면 꽃들로 만산(滿山)을 이룬다.

벌과 나비, 산새도 모여든다. 농장 중간 쯤 연못이 하나있다. 연못 밑에서 솟아 올라오는 물인데 갈수기(渴水期)가 없는 연못이다. 겨울이 끝나가기전 먼 산그늘 진 계곡에 녹지 않는 얼음이 보

- 백류정사 출입구 앞, 잘 다듬어진 소나무와 철쭉 -

일 무렵 이른 초봄에 연못 물 흘러내리는 또랑물에 개구리 알이
보일 때 봄소식을 전해 듣는다.

유기농 블루베리 농장을 하며 날마다 한 수 한 수 포석을 둔다.
봄이 오면 돌미나리, 참나물, 달래랑 상추심고 꽃밭매고...
즐겁고 행복하다.

반백년 인생 동반자, 고은심님의 '미생'

바둑에 심취한 기품있던 고은심님의 글

*2015년 1월 8일 * 모 방송 프로 '미생'이라는 방송을 보고 작성한 글

미생 : 아직 살아있지 못한 자

윤태호작 "미생" 시리즈(1~9권)를 보며 나의 40대를 생각한다. 30년 전 바둑을 배우며 대국을 하고 싶은데 여성 바둑 인구가 거의 없었다. 담배연기 자욱한 기원은 남자들의 내기 바둑이였고...그 시절엔 인터넷 바둑도 없었다. 바둑 두는 여성을 찾아다녔고 그리고 같이 공부하며 여성 기우회를 만들었다. 연여사 윤여사 김여사.....20여명

바둑 대회가 있으면 참석했고 입상도 하고 즐겁고 재밌었다. 포석, 행마, 사활, 늘 바둑책을 옆에 놓고 정석을 외우고 사활을 풀고...

남편을 따라 귀촌하며 장그래처럼 나도 바둑을 떠났다. 포석은

- 결혼사진, 1966년 동원예식장 -

정석을 이루고 세력과 실리로 나뉘며 곤마가 생긴다. 곤마(미생)는 살기 위해 끝내기에서 선수를 뺏긴다.

유기농 블루베리 농장을 하며 날마다 한 수 한 수 포석을 둔다. 봄이 오면 돌미나리, 참나물, 달래랑 상추심고 꽃밭매고...즐겁고 행복하다.

* 2020년 2월 5일 (목) *   최저 -3 최고 9 맑음

고은심님과 조선일보

오늘도 맑고 청명한 하늘이 출근길 발걸음을 가볍게 해 준다. 오늘도 어제처럼 바람이 많이 분다고 한다. 아침 습관처럼 현관문을 열고 조간신문 조선일보를 들고 안으로 들어왔다. 표지 전면에 조선일보 창간 100주년 독자 여러분 감사합니다. 라는 제호를 보고 본인 또한 조선일보와 같이 반백년을 동반해 온 조선일보에게 감사의 뜻을 전한다. 세상사 인생사 같이 방송과 신문으로 동행해 왔는데 요즘 방송은 좀 멀어지고 거리감이 있다. 아침이면 조선일보와 유일한 벗이 되어 출근 전 퇴근 후 전면을 훑어보는 나의 유일한 동반자적 벗이 되고 말았다.

대전 동구에서 중구 서구 세종시로 거처를 20여 회 옮기면서 주민등록하고 조선일보는 나와 이동 동선이 같았다. 처녀 총각으로 만난 어느 60대의 인생 트로트 노래 가사처럼 넥타이 와이셔츠 아침 출근길에 챙겨주던 금산 부리면 백암리 두메 산골에서 태어난 고은심님! 결혼 50주년 금혼 주년을 넘기고 60주년 회혼주년을 몇 년 후면 맞게 된다. 이 풍진 세상 앞만 보고 살아왔다. 올곧게 살아보겠다고 노력하면서 살아왔다.

서산에 걸쳐 있는 붉은 태양처럼 제3의 인생 황혼의 인생 노신사 소리를 들으며 살고 싶음이 작금의 소박한 바람이다. 어쩌면 조선일보와는 여생을 지근에서 동행해야할 동반자가 되리라고 믿는다.

- 내 삶의 뿌리이며 열매인 가족들 -
어머니를 모시고, 나와 고은심님, 은주, 강호, 강승

나이 드는 가장 선명한 그림자는 바로 고독인데
나는 여유와 해학이 있는 일상을 누리고 있다.

노년의 즐거움 하나 더! 파크골프

세종 파크골프 회장을 맡고 있다. 2천여 명이 넘는 동호회 회원 조직이다.

2022년 화천 파크골프대회 때의 파트너는 우리 딸 은주였다.

부부회원들도 많지만 아내는 파크골프를 하지 않아서 나는 딸

- 전국파크골프대회 세종참가선수들(강원도 화천에서) -

과 파트너가 되었다. 모범사례이기도 하지만 나이 들어 딸과 같이 부녀가 같은 운동을 한다는 것도 축복이다.

나이 드는 가장 선명한 그림자는 바로 고독인데 나는 고독할 새가 없다. 봄에는 블루베리 농사짓느라 하루하루가 금쪽같고 농한기 때는 파크골프 하느라 전국을 누비고 해외를 다니니 고독할 겨를이 없다. 이 또한 내가 미리 준비한 자산이며 즐거움이다.

* 2020년 1월 28일 (화) *   최저 4 최고 9 흐림

10시 농장에서 한국펜스 황선홍과장과 미팅 약속이 되어있다. 야생 조수 멧돼지, 고라니 피해가 해가 갈수록 심해서 철조망 울타리 보조사업 공사금액 산출 기준 견적 금액 받아보기 위해서다. 울타리 둘레 길이 600m로 실측이 나왔다. 1m 기준 울타리 시설 기준 단가가 25,000원이고 600m 총 공사 시설비 1,500만원 공사비 견적이 나왔다. 부가세 포함해서 1,500만원으로 내고 결정했다.

11시 금남면 추어명가에서 파크골프 36홀 구장 건립 TF팀 구성 회의 소집이 있었다. 필자와 안선호 새롬클럽회장. 진영은 금남클럽회장. 이영만 협회사무국장. 한문수 오봉클럽 사무장 5명이 참석했다. 세종시는 새롭게 출발한 신생도시다. 전반적으로 새로 만들어가는 미완성 진행형 도시다. 해야 할 일이 산적해 있다. 파크골프 36홀 국제규격 정규 홀 구장은 절체절명의 숙원 사업이다. 세종시 파크골프 동호인 회원수가 2천명이 가까워지고 있다. TF팀이 꼭 해야 할 일이다. 1시 30분 TF팀 회의를 마쳤다.

한솔동 첫마을 집을 거쳐 농장으로 가는 길이다. 우리 마님 고

은심님도 같이 농장 동행하기로 했다. 풀매기 작업을 하고 싶어 한다. 풀매기 작업이 시작 되는 날이다. 겨울 풀은 매기 수월하고 시간이 많이 단축이 된다. 풀하고 전쟁에서 승자가 되는 길은 초반에 애기 풀매는 시작에서 판세를 얻을 수 있다.

틈 날 때 기계톱으로 동산에 나무를 벌목해서 손목 굵기만한 잔가지만 추려 모아 쌓아 놓았다. 동산에 서 있는 키가 큰 나무 벌목은 다른 이유가 있다. 동쪽과 남쪽으로 입목이 울창해서 농작물 일조량 부족으로 많은 피해를 초래한다. 벌목은 일조량 확보와 잔가지 멀칭용 파쇄목으로 이용하기 위해 하고 있다. 파쇄기 시동을 걸었다. 잔가지 투입구로 밀어 넣으면 파쇄가 되어서 밖으로 튀어 나온다. 소나무 아카시아 나무 파쇄 목에 유질이 많이 함유되어 있어 나무향이 많아 내 코를 상큼하게 해 주는 것 같다.

파쇄기로 파쇄를 해서 비닐 포대에 담아 블루베리 나무가 있는 포지 농장 현장으로 옮겨 블루베리 나무 근경 주변에 멀칭을 하게 된다. 파쇄할 때와 멀칭하는 순간도 향긋한 나무 향이 진동을 한다. 좋은 향기는 좋은 작업 환경을 만들어 준다. 상큼한 기분으로 작업할 수 있는 여건이 형성된다. 깨끗하고 청량감 있는 우드칩을 생산했다. 보기에도 순수하고 냄새도 향기롭다. 초기 우드칩 공급처는 대전광역시 산림조합에서 공급을 받았다. 거리가 멀리 있어서 운반비용이 비경제적이고 항상 내가 필요할 때 재고 조달이 어려워 거래가 중단되었다.

차선책으로 청주 근교 환경업체에서 생산한 우드칩을 공급받았다. 순수한 나무 목질로 파쇄한 우드칩이 아니고 철거건물에서 나온 목질이 섞여 있었다. 우드칩에 비닐류 페인팅 잔재 이물질이 섞여 있어서 거래가 중단되었다. 소규모 영세농가는 산림조합에서 사용하는 대형 파쇄기는 용도가 맞지 않고 잔가지 파쇄기를 선택 구입해서 직접 우드칩을 생산하게 되었다. 지금도 생각해보면 선택을 잘한 것 같다. 친환경 유기농으로 블루베리 영농을 할 때까지는 꼭 해야 할 일이고 있어야 할 필수품 장비이기 때문이다.

5시다. 퇴근 준비하세요. 2농장 윗 머리에서 겨울철 잡초 매는 아낙네는 고은심님, "퇴근 준비하세요." 서산에 해가 남아있다. "하던 것 좀 더 하고 내려갈게요." 지는 해는 바로 꼬리를 감춥니다. 낙조 후에는 체감 온도가 급격히 떨어진다. 작업을 중단하고 내려왔다. 퇴근 준비를 했다. 고맙고 감사했다.

모두 모두가!

새순이 돋아나면 너무 사랑스러워서 꽉 껴안아주고 싶다.
으스러질까봐 꽉 껴안을 수 없어 그저 안타까울 뿐!

왜! 블루베리?

블루베리는 백점만점에 99.9점이다.

농사 기법부터 과실로서의 효능까지 버릴게 없다.

블루베리는 수고(樹高)가 사람 키 만하다.

농사지을 때 쪼그려 앉거나 허리를 구부릴 일이 거의 없다.

6월에 수확을 하는 과일이라 한여름 뙤약볕에서 일하지 않아도 된다.

그만큼 관리하기도 편하다.

규격화 고급화 전략, 나는 귀한 사람이 되고싶다.

귀하게 살면 귀한 대접 받는다.

　병충해에 강해서 유기농이 가능하다. 농약 통 짊어지고 농사짓는 것은 아니다. 기능성 과실로는 최고다. 미국 농무성에서 선정한 십대 기능성 식품이다. 첫째 눈에 좋은 안토시안 성분이 풍부하고 맑은 피가 온몸에 전달되니 모두가 좋을 수 밖에 없다. 암 근절에도 좋고. 맛도 최고!

　당도가 먹기 알맞다. 남녀노소가 다 좋아한다. 할아버지 드리려고 사갔는데 손주들한테 다 뺏겼다는 후문도 많이 들었다.

- 고은심님 손에 담긴 탐스러운 블루베리 열매들 -

　　동서고금을 막론하고 남녀노소가 모두 선호하는 과일이다. 건강
효과가 뛰어나서 소비층이 증가하는 추세다. 지금까지 내가 건강을
유지하면서 일 할 수 있는 것도 블루베리 덕분이라고 생각한다. 조
경사업을 마치고 귀촌해서 여유롭게 농사지으면서 노년을 보내기
에는 블루베리가 적임이었다. 블루베리 농장 경영은 서산에 걸쳐있

는 붉은 태양처럼 인생을 보낼 수 있을 것이라는 확신이 들었다.

우리 아이들 키우듯이 정갈하게 전지를 하고 좋은 가지를 뻗을 수 있도록 가위질을 한다. 새순이 돋아나면 너무 사랑스러워서 꽉 껴안아주고 싶다. 으스러질까봐 꽉 껴안을 수 없어 그저 안타까울 뿐!

몽글몽글 꽃이 피어도 사랑스럽고 5월의 봄비를 맞고 청 블루베리 열매를 맺을 때는 눈부시고 황홀해서 보고 또 봐도 예쁘고 사랑스럽다.

* 2013년 12월 2일 *

'오래전 일기 한 편'

잔디밭 위에 떨어진 모과 하나!

모과나무에 모과 열매 한 개가 외롭게 달렸다. 가을이 되면서 노랑 황금색으로 착색이 된다. 노랗게 익은 모과나무 열매는 12월 지나 서릿발 눈보라를 맞고도 외롭게 참고 견뎌 내더니 그 생명 다하고 힘없이 잔디밭 위에 떨어졌다. 내가 오기만을 기다렸다는 듯...

내 눈에 띄었다. 생김새는 못 생겼어도 향기에 이끌려 코를 모과에 갖다 대었다.

그윽한 모과 향기에 순간 취해버렸다.

* 2019년 12월 27일 (금) * 최저-6 최고4 맑음

자연과 함께 하는 현역

아침 출근길은 언제나 즐겁고 신이난다. 룰루랄라다. 농장으로 오는 길은 언제나 같은 길인데도 새롭게 느껴진다. 왜일까. 삶이 즐거워서 일까. 집에서 나올 때 마님이 "당신은 현역이니까 좋아 보인다"고 던져 준 한마디가 힘이 되었나 보다. 전지가위 들고 톱 들고 유기농 영양제 살포하는 일이 우리 마님 보기에는 현역으로 보이나 보다. 듣기 거북 하지는 않다. 출근 길 25분이 소요된다.

어제 날씨와는 전혀 다른 파란하늘에 해맑은 햇빛이 농장을 가득 채워 새로운 세상을 만난 듯 그냥 신바람이 난다. 2농장 듀크 품종 동절기 전지작업을 진행하고 있는 중이다. 블루베리 나무 재배 관리 중 가장 중요한 부분이 동절기 전지 작업이다. 통풍이 잘 되고 풍부한 일조량으로 블루베리 나무 수세를 강하게 만들어 가는 작업이다. 뿌리 부분에서 올라오는 신초는 가장 잘 생긴 놈 한 개만 남겨두고 모두 제거한다. 사지, 내향지, 평행지, 교차지, 하향지는 제거하고 꽃눈 솎음을 주의 깊게 정리하는 작업이다.

전정 작업은 크게 두 가지 목적이 있다. 첫째는 나무 수형을 다

듬고 만들어 내는 작업이다. 보기 좋고 깔끔한 나무 수형을 만드는 작업이다. 둘째는 나무를 건강한 나무로 수세를 강하게 하기 위한 목적이 있다. 겨울 전정 작업이 끝나면 유기농 인증 영양제를 시비하고 그 위에 잔가지 파쇄목 멀칭으로 동절기 월동 준비가 이루어진다. 추운 겨울 혹한을 넘기고 신춘 새봄이 오면 해동과 함께 뿌리가 움직이게 된다. 새 생명이 태어나는 것처럼 봄 햇살을 맞으며 꽃눈과 잎눈이 튀어 나온다. 순백색 하얀 꽃이 올망졸망 꽃눈 한 개가 꽃눈송이로 수줍은 듯 고개를 숙인다. 블루베리 꽃도 잠시 피었다가 열매만 남기고 소식도 없이 자취를 감춘다.

블루베리 꽃 필 때 아카시아 꽃이 같이 핀다. 일벌과 나비가 춤을 춘다. 블루베리 꽃은 꿀벌 한 마리 꿀 따러 머리 박고 들어가면 가득 찬다. 블루베리 농장과 동산 온 산야가 신선이 사는 곳 같이 느껴진다. 순간순간이다. 6월 중순 전후로 블루베리 따는 수확기를 맞는다. 정신이 없다. 그럴수록 정신 차려야한다. 탱글탱글하고 귀하신 블루베리 열매는 내 곁을 떠나게 된다. 떠나 보내야한다. 너무 감사하다. 일할 수 있는 터전을 주었고, 일할 수 있는 건강을 주었고, 일할 수 있는 시간을 주었으니 감사드린다.

* 2020년 3월 29일 (일) *   최저 -3 최고 16 맑음

코로나속에서도 굳건한 가마골 블루베리 농장

2020년 3월 28일 어제 우리가 살고 있는 첫마을 5단지 코로나 19 질병 확진자가 발생하여 어수선하고 심란한 하루였다. 오늘은 새 아침 새롭게 하루를 시작하는 순간이다. 오늘 아침 기온 영하 3도에 청명한 맑은 하늘이 칼칼하고 기분 좋은 하루의 시작이다. 참 좋다. 너무 좋다. 자연과 더불어 산야 속에 파묻혀 신선한 유산소를 마시며 일을 한다는 게 나에겐 너무나 행복한 날이다. 초봄 해맑은 하늘 태양의 일조량을 받으며 일하는 날, 이렇게 좋을 수가 없다. 환상적이다.

일하는 현장 옆에는 진달래꽃이 만개하여 피어있고 따뜻한 날씨 활동하기 좋은 날이다. 이름 모를 각종 산새들은 공중에서 나무에서 온갖 소리로 나를 즐겁게 해주고 있다. 우리 농장 윗쪽에 조그마한 연못이 있다. 아침에 연못 쪽으로 올라가면 지난밤에 날라와서 밤을 새운 청둥오리 떼가 무리를 지어 비행기 활주로 이륙하듯 45도 각을 맞춰 날아가는 진풍경도 볼 수 있는 참 좋은 곳이다. 내 인생 동반자 햇님도 같이 농장에서 풀매기도 하고 봄나물 머위나 쑥을 뜯어 밥상 위에 녹색 반찬 준비하는 것도 재미있어 했다.

내 옆에서 30여 년 작업 현장에서 도움을 주신 분이 계시다. 조경사업 할 때부터 작업 현장에서 고락을 같이하신 분이다. 여반장이신 소 반장님이시다. 젊을 때에는 여자 30, 40명씩 동원하여 작업 현장에서 아주 지혜롭고 조용하게 노무관리를 잘하셨던 소 반장님이시다.

4월 1일 수요일부터 가마골 블루베리 농장 풀매기 작업 시작하는데 도와달라는 간청 전화를 했다. 도와준다는 약속을 하고 수요일 아침 6시 20분까지 살고 계시는 아파트 앞에서 모시고 농장으로 출근하기로 약속을 하였다. 소 반장님은 나에겐 참 고마우신 분이다. 연세가 80이 훨씬 넘으신 분이 밭일을 하시는데 프로답게 잘하셔서 더없이 늘 자랑스럽기도 하고 마음으로 믿음을 주고 받을 수 있는 분이다. 2번지 노지 블루베리 나무전지 작업 끝내고 화분 전지작업 진행중이다.

우리 첫마을 5단지 작은 도서관 김병섭 관장님 묘목 5주 피트모스 1뭉치 영부인 같이 오셔서 매입해 가셨다. 6시 해가 질 무렵 되니까 찬바람이 불어온다. 퇴근 준비 해야겠다. 오늘 일정 모두 순조롭게 끝맺음 할 수 있어서 감사합니다.

피, 땀, 눈물 없이는 과실의 열매를 맺을 수 없고
우리 인생의 열매 또한 맛볼 수 없다

박수칠 때 떠나라 -
사업가에서 블루베리 농사꾼으로

40대 시절 사업할 때 그다지 힘들지 않았다. 매일 바쁘게 일을 하다보면 힘든 것을 잊게 된다. 대우 전업사를 하면서 내 이름 문패를 달았다. 세상을 다 가진 것 같았다. 형광등 하나에 몇 백 원 하던 시절, 홍명상가에서 사업할 때 화재가 났다. 눈앞이 캄캄했다.

1층에서 5층까지 매장 건물이 다 내려앉아 잿더미가 됐다. 나는 망연자실한 채 넋을 잃고 말았다. 하지만 나는 해결책을 서서히 찾기 시작했다. 가게 터가 재가 됐으니 내가 해야 할 일은 바로 다른 가게 터를 찾는 일이었다. 영업을 계속 이어나가기 위한 최선의 방법이었으며 좌절에서 빨리 빠져나와 문제를 해결해 나가는 것도 나의 인생 지침이었다.

화재보험을 들어놔서 종자돈이 되고 다시 일어서는 발판이 됐다. 대흥동 이안과 건물 쪽에 대우조명백화점이라는 상호를 걸고 다시 시작했다. 계룡건설, 영진건설에 대량 납품하면서 사업의 기반을 다져나갔다. 지금 현재 송촌조명 윤장섭 대표가 마케팅 영업을 아주 잘해서 조명사업의 기틀을 확고히 이어나갔다. 책임감 있고 활발하게 영업이 운영될 때 윤장섭 대표에게 조명사업을 넘기고 조경사업을 창업하게 되었다. 사업을 마감할 시점에 생질한데 조명을 맡겼다. 송촌조명으로 명맥을 유지했고 사업의 원칙을 벗어나지 않도록 가르쳤다.

  GNC조경-대전의 5개 구청의 조경수 식재, 가로수, 공원 봄철 전지사업, 시비관리, 하천 잔디 관리 등 다양하게 움직였다. 나는 자영업으로 청춘을 보냈고 원칙과 삶의 가치 중심으로 비즈니스에 충실했다. 60대 후반에 이어오던 자영업을 정리하고 사업현장을 마감하게 되었다.

- 1985년1월12일 대공 제 10회 이사회 (대전공고 기별 동창회 회장) -

　‘잘 나갈 때, 박수 받을 때 떠나자’ 라고 결심했다.

　인생 후반기, 제 3의 인생, 황혼의 인생을 보내기 위해서 즐기면서 일할 수 있는 일거리를 찾게 되었다. 노동이라기보다 열매를 맺는 과정이라고 생각했다. 아침에 일찍 출근해서 열심히 일하다 보면 점심때가 된다. 점심도 맛있게 먹고 직원들과의 소통도 무심히 넘기지 않았다.

　조경사업을 뒤로하고 블루베리 농사를 시작했을 때 60대 후반에 가마골로 들어오면서 노년의 취미를 넘어 창업한다는 마음으로 농사를 시작했다. 그런 마음으로 시작했기에 성과를 이룰 수 있었다.

이 세상에 대충해서 되는 일은 하나도 없다. 인생이 그렇게 호락호락하지 않았다. 피, 땀, 눈물 없이는 과실의 열매를 맺을 수 없고 우리 인생의 열매 또한 맛볼 수 없다.

* 2011년 12월 25일 *
'오래전 농장 일기'

꽃 눈 3개가 생성 되었어요. 꽃 눈 1개가 한 송이 열매로 올망졸망 열리는 것이 블루베리다.

새해 6월이 기다려진다.

영하 8도의 매서운 날씨에 블루베리 나무 귀티 나는 체리 색 붉은 건강한 가지에 꽃눈이 3개 매달려 혹독한 추위도 아랑곳 하지 않고 깊은 겨울 잠, 동면에 들어 있어요.

내년 4월 종 모형 하얀 순 백색 꽃이 피고 잎눈이 튀어 나올것이다. 나비도 벌도 모이게 된다. 잎이 피고 꽃이 떨어지면 청 블루베리 새 생명 열매가 생성하게 된다. 6월 초에 청 블루베리는 예쁜 화장을 한 듯 블루칼라로 착색이 시작된다.

6월 15일경부터 첫 수확이 시작되면 곱게 단장한 열매는 각기 블루베리 매니아님을 찾아 정 들었던 농장을 떠나간다.

2019년 12월 26일 (목) * 　최저 -2 최고 4 흐리고 비 1~5mm

나목(裸木)의 가르침

창밖을 내다보니 하얀 진눈깨비가 노란 낙엽 진 잔디 마당 위로 정신없이 내린다. 오늘은 충청지역 미세먼지 저감 조치까지 내린 아주 나쁨인데 그래도 왠지 내가 머무는 곳이기에 마냥 아름답기만 하다.

야트막한 동산으로 둘러싸인 앞동산 상수리나무 농장 들어오는 길가 느티나무, 농장 밭 가로 심어놓은 이팝나무 자목련 백목련 참죽나무는 잎이 다 떨어진 채 나(裸)목으로 겨울나기를 준비하고 있다.

군데군데 잘 손질 해 놓은 늘 푸른 소나무는 계속 내리는 진눈깨비에도 아랑 곳 하지 않고 제 자리를 지키고 있다. 금년 한해도 며칠 남지 않았다. 진눈개비는 하얀 눈으로 펑펑 쏟아져 내리고 있다. 내년을 준비해야 한다.

금년 한 해 동안 벌려 놓았던 일들 깔끔하게 정리 정돈 해 놓고 새해 신년을 맞이하자. 날 짐승도 머물다 떠난 곳은 깨끗하게 정리 해 놓고 떠난 다는데.

* 2020년 2월 19일 (수) *

새봄 그리고 희망

겨우내 눈바람 땅 속에서 잠자고 있던 수선화 꽃이 살포시 지상으로 올라오고 있다. 남향 양지바른 곳 정원석 돌 옆으로 옹기종기 새 생명이 태어나는 것처럼 순하게 올라오고 있다. 하얀 수선화는 우리 농장 봄소식을 제일 먼저 알려주는 새봄 전령사다.

꽃을 유난히도 좋아하는 고은심 여사가 정원석 돌 옆으로 연산홍 군락지 둘레에 심어 놓아서 매년 이른 봄 겨울도 채 가시기 전

- 출근 길, 백류정사 앞 하얀 수선화 -

에 우리 두 사람 가슴을 설레게 하는 봄꽃이다. 새벽 기온이 영하
의 날씨이고 새벽에 내린 하얀 서리가 잔디밭 위를 덮고 있고 사
람은 두꺼운 옷을 입고 겨울 냉기를 느끼고 있는 계절이다. 뾰족
이 올라오는 하얀 수선화 참 예쁘다. 보고 또 보고 싶다. 며칠 지
나 하얀 수선화 꽃봉오리 터지는 날을 기다려본다.

어젯밤 TV방송 종합 채널에서 어린 소년이 부른 "희망가" 노랫
소리와 가사 내용이 내 귓전에서 마음속으로 스며들어 가슴이 찡
해서 노래 가사를 기록해 본다. '잘 먹고 잘 살겠다. 억척을 부리
는 이들에게 담소화락에 엄벙덤벙 사는 이들에게 물불 안 가리고
권력과 부귀영화를 탐하는 이들에게 그리하면 희망이 족한 것이
냐'고 소년이 묻는다.
'살얼음처럼 위태롭고 먼지처럼 덧없는 이 풍진 세상에도 봄은
온다'. 노래와 음악은 시대의 풍자를 알려주는 깊은 뜻이 묻혀 있
기에 늘 향기를 담아준다.

보고 싶은 사람이 생각이 난다. 11시 반 대전광역시 의회 윤용
대 의원사무실로 올라갔다. 시의회 의정활동 이야기로부터 지역
현황 활동이야기 듣고 나누다 보니 오찬시간이 되었다. 대전지방
검찰청 앞 둔산동 낙지 한마당 식당에서 연포탕으로 시원하고 맛
깔나게 오찬을 나누었다.

블루베리한테 잘 보여야 아이들도 기분이 좋아서 잘 자란다.
아이들 키우는 것과 똑같다.
블루베리가 내 발자국소리를 듣고 자란다.

여든 넘은 농부의 쾌거,
이 나이에 나만큼 즐겁고 재미있게 사는 사람
있으면 나와 보라고 해

출근길은 백만 원짜리 보약 먹으러 가는 것과 같다. 하루 종일 보약을 먹을 수 있는 곳이 세상천지 어디에 있을까? 바로 가마골 블루베리농장이다. 비가 살살 오면 일하기 좋아하는 사람은 일하기 좋고. 놀기 좋아하는 사람은 놀기 좋다. 같은 여건이지만 사고방식에 따라 우리는 천차만별의 결과를 낸다.

전지작업은 블루베리 과수나무 다듬기 기법은 예술이다. 농부의 혼이 담겨있다. 400그루, 나무 한 그루 전지하는데 20-30분씩 걸린다.

수세를 강화시키기 위한 방법이다. 전지로 인해 통풍이 잘된다. 햇살도 잘 받는다. 일조량이 풍부해지기 위함이다. 건강한 나무가 된다. 한가지, 한가지 자를때마다 숙고를 거듭한다.

사지(죽은 가지) 내향지(안쪽으로 뻗은 가지, 통풍과 일조량을 위해) 낙지(처진 가지) 입지(위로 서 있는 가지) 교차지(하나를 제거한다) 평행지(보기가 안좋다) 분재를 했을 때 이용했던 전지 작업 경험담이다.

- 백류정사 실내에서 미팅 중 -

전지의 목적은 과수 수세를 보강해 주는 것이 기본이고 조경수는 자연도법에 의한 수형 만들기가 기본이다.

이등변 삼각형, 보은 법주사 입구 정이품송 소나무 수형이 대표적이다. 자연에 가까운 수형을 만드는 게 일반 분재 수형의 목적이다.

산모가 건강해야 건강한 애기를 출산하듯이 매일 물주고 사랑을 공급한다. 블루베리 때문에 멋도 부리는 것이다. 블루베리나무

한테 최선을 다하고 잘 보여야 튼튼한 블루베리 열매를 얻게 된다. 자식 키우는 기분으로 온갖 정성을 다하여 블루베리를 키워야한다. 블루베리는 내 발자국소리를 듣고 자란다.

4월에 꽃이 피고 5월에 열매가 맺힌다. 6월초에 착색이 이루어진다. 6월10일경 첫 수확을 한다. 수확기에 블루베리가 주렁주렁달려있는 나무를 보게되는데 장관이 아닐 수 없다.

누가 봐도 욕심 부릴 정도로 잘 키워놓아야 한다. 혹시 견물생심이라고 욕심이 생겨 나무를 뽑아 가고 싶을 정도로 잘 키워 놓아야 한다.

농장을 찾는 블루베리 구매 고객은 다들 멋쟁이 신사, 숙녀로보인다. 멋쟁이 숙녀들 지갑에서 내 지갑으로 들어오는 돈이 삶의희망과 기쁨을 준다. 지금 이 나이에 남의 돈을 어떻게 만져? 땅백 길을 파봐라. 만 원 짜리 한 장을 만져 볼 수 있나?

블루베리를 좋아하는 매니아 층, 구매하는 사람들이 감사하고사랑하는 마음으로 돈을 지불한다. 얼굴에 미소까지 가득 담아서나한테 돈을 지불하는 이 농부의 희열을 누가 알 것인가. 몇 백 만원짜리 보약보다 블루베리가 훨씬 효자다.

가마골 블루베리는 믿고 거래하는 상품이다. 세종 싱싱장터에우리 블루베리가 출하되고 있다. 로컬푸드 도담점, 아름점, 새롬

점은 우리 블루베리가 최고 인기 상품이다. 창업정신으로 시작해서 7-8천의 매출을 내내 유지한다.

　블루베리는 완숙된 것을 적기에 따야 제 맛이 난다. 유통을 빨리 하려고 일찍 설익은 열매를 따는데 과일의 신선도를 잃어 버리게 된다. 농업 경영도 기업가의 정도를 지켜야 한다. 수확 후에 열매를 따낸 블루베리한테 보상을 주어야 한다. 유박비료로 영양제를 보충해주고 시비해준다. 단순한 과실나무가 아니다. 사람이 성장하는 것과 다를 것이 없다. 사랑의 눈으로 바라보아야 하고 따뜻한 마음으로 만져주고 다독여 주어야 한다.

＊ 2020년 2월 18일 (화) ＊　최저-9 최고 6 맑음

마지막 끝마무리 겨울 장식을 하나보다. 지난 밤 사이 가마골 블루베리 농장 온 산야에 백설기 같은 하얀 눈이 내려 천지가 눈으로 덮여 있었다. 백류정사 현관 입구에서부터 2차선 도로 인접 구역 가마골 블루베리 농장 간판이 있는 곳까지 생각 보다 많은 눈이 쌓였다. 사람 다닐 수 있도록 보행길만 눈삽으로 밀고 잔디밭 위에 깔아 놓은 사각 화강암 대리석 위에만 빗자루로 쓸어 놓으니 빗자루가 지나간 곳만 빼놓고 온 산과 들판 하천이 하얀 눈으로 덮여 아름다웠다. 창밖 잔디밭 군데군데 서 있는 소나무 위 소복소복 쌓인 눈꽃 봉오리가 잠시 후 태양이 중천에 오면 힘없이 녹아내릴 것이다. 낮 기온 영상 6도라니까. 폭설이 내린 날은 땅

위 미세먼지가 눈에 덮여 대기 오염이 발생하지 못하고 있다.

동산으로 둘러싸인 가마골 블루베리 농장 유산소는 오늘따라 더더욱 싱그럽게 느껴진다. 너무나도 깨끗하고 청명한 파란 하늘 땅 위에 백옥같이 덮여 있는 하얀 눈 세상에서 오늘 같은 청결함을 또 볼 수 있을까?

가마골 블루베리 농장 지기인 나는 여한이 없는 축복을 받는다. 이번 우수 추위는 추위의 구색을 완전히 다 갖추었다. 여한이 없을 정도로 눈도 많이 내려줬고 영하 9도 강추위도 던져 주었고 영상 6도의 포근한 기온으로 해 맑은 태양 파란 하늘까지 받았으니 한없는 축복을 받은 것처럼 보람을 느낀다.

음력 월력으로 보면 겨울철은 동짓달, 섣달, 정월, 3개월이 겨울로 알고 있다. 동짓달이 11월, 섣달이 12월, 정월은 1월을 지칭한다. 오늘이 정월 스무 닷새 날이다. 1월 25일이다. 금년 겨울도 꼬리를 감추어 간다. 새봄이 눈앞에 아른 거린다. 따스한 햇빛이 정적을 감돌게 한다. 소나무 위 눈 꽃 송이가 햇빛에 맥을 못 추고 점점 초라해지는 모양이 보기가 민망하다. 잠시 후면 솔잎만 남게 되고 뒷동산 양지바른 곳에는 낙엽 가랑잎이 서서히 노출되어 남게 되겠지. 오후 3시 낮 겨울 햇빛이 너무 찬란하다. 소나무 영산홍 잔디밭 위에 내렸던 하얀 눈은 흔적도 없이 사라졌다.

* 2020년 2월 29일 (토) *　최저 0 최고 13 오전 흐리고 오후 맑음

오늘이 2월 29일 2월 마지막 날이다. 흘러가는 세월이 약속이나 한듯이 바람같이 구름같이 날아가 버린다. 그저 아쉬움만 남는다. 2농장 전지작업 2월 말 까지는 마치겠노라고 계획을 세웠는데 앞으로 1주일은 더 지나야 끝이 날 것 같다. 양묘장 월동묘목도 정리해야 되겠고 관수 수분 공급도 해야 하는데 마가목 지주대도 설치하여 반듯하게 성장할 수 있도록 해야 할 일인데 우선 2농장 블루베리 나무 우드칩 멀칭부터 해야겠다.

파쇄목 우드칩을 생산하려면 파쇄기를 가동시켜 시동 걸고 준비해 놓은 잔가지를 파쇄기 입구에 넣으면 파쇄가 되어 팬 압력 바람 힘에 의해 분사구로 튀어 나오게 된다. 파쇄된 우드칩 포대에 담아 유박 1포 흙살이 퇴비 1포를 2농장으로 옮겨서 유박 퇴비 시비한 후 낙엽 먼저 멀칭 후 이어서 잔가지 파쇄목 우드칩 멀칭 작업으로 마무리가 된다. 이렇게 해서 작업을 5시 30분 끝내고 집으로 퇴근하였다.

- 농장에서 근무복을 입고 업무를 시작 -

- 백설로 뒤덮인 백류정사의 설경 -

멋은 남에게 보이기보다
내 마음에 드는 나와 만나는 것이다

가마골 농부의 사유

　출근할 때 양복과 넥타이로 반정장을 한다. 눈이 보배라고 근사한 것이 마음에 쏙 든다. 구두를 깨끗이 닦고 멋은 부리고 싶다. 지금도 구두를 닦고 와이셔츠도 골라 입는다. 멋은 남에게 보이기보다 내 마음에 드는 나와의 만남이다. 멋은 외모뿐 아니라 말에도 멋은 깃들어있다. 말에는 각자의 인격이 보인다. 말에 간을 맞추려 하면 진실이 희석된다. 말은 순수해야 가치가 있다.

- 농장으로 출근 하면서 -

2012.5.25(금) 아침 7시 40분
〈테마 터치 내 고향〉 "농부 CEO를 꿈꾸다"

- 대전 TJB방송국 모닝와이드 프로에 출연 -

나이를 먹을 수록 더 많이 들어야 한다. 회의를 가도 먼저 말하지 않고 남들의 이야기를 경청한다. 사업상 딜을 하러 가도 보따리를 먼저 꺼내지 말아야 한다.

여든 둘. 사회생활 해보니 가까이 지내다 소원해 질 때가 있다. 그러면 남 탓을 하기보다 내 잘못을 먼저 생각해본다. 재물 때문에 인간관계를 끊는다는 것은 정말로 큰 것을 잃는 것이다. 소탐대실하지 말아야 한다. 사람관계는 돈으로도 값을 매길 수 없다. 일일이 따지고 들어 다투기 보다 웬만하면 말로 풀고 그렇지 않으면 가슴에 담고 가야한다.

살면서 불편한건 마음 때문이다. 내가 남을 불편하게 하지 말아야 타인도 나를 불편하게 하지 않는 것이다. 관계의 선순환, 사랑은 내가 주면 부메랑처럼 돌아오게 돼 있다. 양보를 받는 것보다 양보 할 때가 좋다. 상대가 설혹 늦더라도 "바쁜 일이 있겠지."라고 이해하면 서로 얼굴 붉힐 일이 없다.

Give and Take! 나는 Give만 생각한다.

여자들은 나이 들어도 어디든 가서 수다를 떨 수 있는데 남자들은 그 기회가 없다. 자녀들도 어머니 옆으로 모이지만 아버지는 왠지 외로운 존재다. 아버지는 왠지 불편해 한다. 그래서 남자들

은 나이 들수록 외로울 수밖에 없다. 내가 나이 들어서도 즐겁고 씩씩하게 살고 있어서 인지

"회장님처럼 나이 들고 싶습니다." 라는 말을 곧잘 듣는다.

모두 생각과 실행의 문제다. 나같이 살고 싶으면 나처럼 결행하면 된다. 지금 당장! 부지런히 움직이고 앉아서 대접받으려고만 하지 말고 솔선수범하면 나부터 인생이 즐겁고 나를 바라보는 사람들도 즐겁다. 더불어 즐거울 수 있다.

* 2020년 1월 22일 (수) *

오랜 벗의 단상 - 이정희 교수 '빈자리'

고등학교 학창 시절부터 가까이 지내온 절친 친구가 있다. 영문학 교수 이정희 교수다. 1973년 11월 3일 대전 은행동 동원예식장 결혼식장에서 나와 우리 마님 첫 만나 화촉을 밝히던 그 날 결혼식 사회까지 해준 절친이다. 그는 몇 년 전에 상처를 했다. 내 주위에 부인 떠나보내고 상가에서 그렇게 개똥같은 눈물을 흘리고 훔쳐내는 상주 두 사람이 있다. 그중 한 사람이 이정희 교수다. 그중 또 한 분이 충남대학교 총장으로 계시던 오덕균 총장님이시다. 이정희 교수는 장례를 마치고 며칠이 지난 후였다. 혼자서 얼마나 외로움을 달랠까. 해서 점심이나 같이 하자고 불러냈다. 만나자마자 식당으로 들어가서 테이블에 앉을 때까지 계속 울고 수건으로 눈물은 훔치고 있었다.

마지막 부딪힌 내 입술의 따스함을
고이 간직하소서!

영문학 박사 이정희 교수 <빈자리>

글이 좋아서 올렸다.

같이 동행하지, 왜 혼자 남았어. 하고 농담 겸 덕담을 나눈 적이 있다. 영문학을 공부한 친구가 글 쓰는 재주가 뛰어나다. 세상을 먼저 떠난 부인 빈자리가 한 없이 그리웠던가 보다. 영문학 박사 이정희 교수 <빈자리> 글이 좋아서 올렸다.

빈자리 - 이정희

금방이라도 방문을 열고 "여보"하고 들어올 듯싶다. 따뜻한 쌍화차 한 잔을 들고 내 방으로 올라오곤 했었는데 가을비가 부슬부슬 내리는 이 시간 아무리 방문을 쳐다봐도 기척이 없다. 이심전심일까 딸이 차를 들고 내 방을 노크한다. 그 사람은 노크도 없이 문을 열고 들어왔는데 딸은 노크를 한다. 아내와 딸의 차이일까?

딸은 제집으로 가야 하는데 아직도 떠나지 못하고 있다. 필경 나 때문이다. 부녀로 만나 딸의 가슴에 멍울을 들게 하는 것은 또

무슨 인연일까? 딸은 소리 없이 제 엄마의 유품을 정리한다. 입술을 꼭 다물고 있는 걸 보면 제 마음이 몹시 아려오는 모양이다. 애비의 마음이 상할까봐 눈물을 감추는 모습이 역력하다. 슬그머니 자리를 피해 내 방으로 올라와 깊은 호흡을 뱉는다. 딸을 빨리 제 남편 곁으로 보내야 한다. 아직은 딸이 있어 끼니 걱정을 하지 않아도 된다. 딸은 몹시도 걱정이 되는 모양이다.

개똥밭에 굴러도 이승이 좋다는데 어찌 이 좋은 계절을 버리고 먼저 떠나야 했을까? 병실 창 너머로 물들어가는 수목을 보며 곱기도 하다고 말을 하면서 어서 퇴원하여 단풍 구경시켜 달라던 말이 귓전을 때린다. 본인은 물 한 모금도 못 마시면서 내 끼니를 걱정하고 있었다. 밥을 먹었느냐고 묻는다. 혼자서 밥상을 차리고 밥을 먹을라치면 목이 메어 넘어가지 않을 때가 많다. 그러나 아내를 안심시키기 위하여 고기 찌개를 해놓고 많이 먹었다고 대답을 하면 잘했다고 응수를 했다. 그것이 아내의 몫이던가?

정장에 넥타이까지 매고 병상의 아내를 돌보는 것은 옆자리 환우들에게 남편의 꾀죄죄한 모습을 보이기 싫어하는 아내 때문이었다. 아내의 이웃한 환우들이 남편을 부러워하는 이야기를 듣고 무척이나 좋아했다. 본인은 그렇게 고통스러우면서도 남편의 외모에 관심을 표하는 것은 아내의 따스함일까? 내가 자리를 비운 시간에 환우들끼리 이야기를 하는 모양이었다. 자상한 남편의 보살핌을 바라는 환우들의 시선을 의식하는 아내는 내 손을 꼭 잡고 놓지를 않는다. 세상에 당신만이 남편이 있는 사람이듯 눈빛을 준다.

멀고 먼 하늘나라로 떠나 보낸 지 벌써 14일이 되었다. 10월의 마지막 밤이다. 금방 눈이라도 내릴 듯 날씨마저 음산한 이 밤에 잠이 들 수 없을 듯싶다. "여보"하고 부를 상대가 없으니 우두커니 벽만 쳐다본다. 아내가 젊었을 때 수를 놓아 만든 액자가 쓸쓸해 보인다. 스스로 걸어서 욕실에 들어가 손과 얼굴을 씻고 내 손을 꼭 잡으며 이야기를 했었는데 하룻밤 사이에 말문을 닫고 말 한 마디 없이 그렇게 떠나버렸다. 이승과 저승이 순간이던가? 야속한 사람! 이 밤엔 전등이 너무 밝다. 불을 끄고 촛불을 밝힌다. 촛불이 창문에 아른거린다. 휘익 바람이 창문을 두들긴다. 촛불마저 춤을 춘다, 마지막 부딪힌 내 입술의 따스함을 고이 간직하소서!

나뭇잎이 고운 단풍으로 물드는 것은 긴 시간 햇볕과 사랑을 나눈 결정이다. 햇볕과 사랑을 나누듯이 그렇게 우리는 앞만 보고 살아왔다. 그런데 "어서 퇴원하여 맛있는 것 해드릴게" 이 말이 마지막일 줄이야. 공허한 가슴에 밀물처럼 밀려오는 외로움이 고독의 나래를 펴고 아내의 무덤가를 맴돈다. 마지막 숨을 몰아쉬면서 딸을 찾았단다. 아들 밥은 앉아서 먹고 딸의 밥은 서서 먹고 지아비의 밥은 누워서 먹는다고 말하곤 했었는데 멀리 남의 집으로 보낸 딸이 걱정이 되었던가.

여자는 본시 피앙새를 찾아 부모 곁을 떠나는 것이 세상의 이치이거늘 무얼 그리 안타까워할까? 아내가 병원에 있을지라도 나는 베개를 나란히 놓고 잠을 자곤 했었는데 이제 짝 잃은 기러기처럼 허공을 쳐다보며 한숨 짓는 이 공허한 밤은 빈자리가 너무 허전하다.

세종특별자치시

버스
Bus

금연버스
정류소

- 가마골 블루베리 농장 출입구 -

나를 스쳐간 수많은 인연이 있지만
소 반장님은 인연을 넘어 귀인이다.
일손을 보태는 것 이상 나에게 사람의 덕목을 가르쳐준 분이다.

인연, 귀인이라는 이름으로 되갚다

40년 지기, 소 반장님.

그녀는 노벨상감이다. 가마골 농장에 오기 전부터 인연을 맺었던 소 반장 누님. 서구에서 중앙분리대 설치, 맥문동 심을 때, 대청댐에서 일할 때 소 반장님이 일행들을 이끌고 와서 일사분란하게 거뜬히 마감해 주신 분이다.

"소 반장님 15명 모시고 나오세요" 하면 어느새 인원을 맞춰서 정시에 도착한다. 소 반장님이 일을 잘하고 솔선수범하니 따르는 사람이 늘 곁에 있다. 손도 빠르고 지혜롭고 프로다운 분이다. 큰 상을 받아도 아깝지 않은 분이다.

지금도 블루베리 수확 철에는 소 반장님을 모시러 가서 차에 태우고 농장으로 같이 출근한다. 여든이 넘은 누님 같은 분이 아직도 정정하게 일하는 모습은 뭉클하다.

40년 인연, 사회생활 하면서 만나 일로 호흡을 맞추고 같이 나이 들어가는 특별한 인연이다. 나를 스쳐간 수많은 인연이 있지만 소 반장님은 인연을 넘어 귀인이다. 일손을 보태는 것 이상 나에게 삶의 덕목을 가르쳐준 분이다.

최저 3, 최고 13 맑음

분주한 일상 속의 사유

오늘 아침 식단이 별식이다. 토종닭으로 요리한 삼계탕이 아침 식단이다. 며칠 전 세종시 연서면 쌍전리 친환경으로 재배한 딸기를 사러 가는 길에 그 이웃에 토종닭을 기르는 집이 있다. 언제나 항상 토종닭이 준비되어 있는 집이다. 간판도 없는 집이다. 오랜 세월 속 면면히 이어온 토종닭 파는 집이다. 우리 동반자님이 2마리를 구입해서 한 마리는 닭볶음탕 또 한 마리는 삼계탕을 요리하여 아침 식단으로 여러 차례 먹었는데도 그 맛이 일품 이어서 별식으로 먹고 즐거운 마음으로 출근을 하였다. 오늘 아침에 책 한 페이지 읽으면서 재미있는 구절이 있어 옮겨본다.

땅의 역사 박종인 지음 "이 작은 왕자가 또한 장(長) 다투는 마음이 있다. 이 작은 왕자는 효령과 충녕을 가리킨다. 서로 앞서려는 경쟁심이 어릴 적부터 있었다는 뜻이다. 왕자들의 교육을 담당한 김과가 한 말이다. 훗날 태종의 채근에 김과는 왕자들이 네 살, 다섯 살 때 내가 그런 말을 분명히 했다고 거듭 말했다. 땅에는 흔적이 남고 문헌에는 기록이 남는다. 미담이 괴담일 때도 있고 괴담도 미담일 때가 있다. 정녕코 권자에 뜻이 없었는가. 충녕 당신도 정말 야심이 없었는가. 양령과 효령, 충녕이야기로 태종과 세종으로 이어지는 스토리이다.

10시 30분 세계한인벤쳐협회INKE(잉커) 최재건CEO와 만남의 약속 시간이다. 명품 블루베리 상품으로 새로운 창업의 계기를 마련하기 위함이다. 농장 별채, 백류정사에서 에서 만났다. 최재권 CEO님은 가마골 블루베리 농장에서 생산하는 블루베리 열매를 명품 블루베리로 고가 전략으로 접근해보자는 제의에 나는 적극적으로 공감을 표시하였다. 4,5월 쯤 전자 상거래 상품 코너에 예약 판매로 올려서 시장 분위기를 파악 해 보자고 하기에 "좋습니다" 라고 답을 줬다.

12시 오찬 시간이다. 고개 넘어 고복 저수지 호반 주변 산장가든으로 안내하여 원조 갈비로 식사를 마쳤다. 호반을 조망할 수 있는 찻집에서 따뜻한 커피 한 잔 놓고 사람 살아가는 일상의 이야기 나누며 소중한 만남이 될 수 있도록 다짐을 하고 3시에 농장으로 돌아왔다. 2농장으로 올라가 5시까지 7주 전지 작업을 마치고 내려와 출퇴근 복으로 갈아입고 퇴근길에 올랐다. 오늘 어머님 영면하신지 35주기 되는 날이다. 온 가족이 15여년 만에 자리를 같이 한 날이다. 큰 아들 강승이네 가족이 유럽에서 오랫동안 머물다 귀국 했기에 큰 아들이 추모 예배를 주관했다.

* 2020년 6월 1일 (월) *   최저 18 최고 27 맑음

보내고 맞이하는 자연의 섭리

6월 1일 월요일이다. 봄이 지키던 자리를 여름에게 넘겨주고 1년 후에 다시 찾아온다고 미련 없이 떠나갔다. 새로운 기분으로 6월을 시작하는 날이다. 소 반장님도 가족들과 여행을 마치고 오늘 출근하는 날이다. 집사람도 동행하고 싶어해서 출근했다. 녹음을 헤치고 들바람이 불어온다. 아직은 바람이 봄바람이다. 일하기 참 좋은 날씨다. 몸도 다리도 불편한데 소 반장님 좋아하시는 햇감자 찌고 따뜻한 물 준비해서 2농장 제초 풀매는 현장에서 9시에 먹을 수 있게 했다. 오전 간식이다.

소 반장님도 좋아하지만 나도 바로 찐 감자 황설탕에 찍어 먹으면 새참으로는 별식이다. 큰 나무 그늘 밑 잔디밭에 앉아 별식답게 맛있게 먹었다. 싱싱장터 묘목 출하하고 물 관수 공급하고 보니 12시 오찬 시간이다. 오케이 뷔페식당으로 옮겼다. 오케이 뷔페식당은 다양한 반찬으로 때가 되면 식객들이 붐비는 시골 식당

이다. 농사철이라 들에서 일하는 사람들이 모이는 식당이다.

　오늘 특식 메뉴는 돼지고기 수육, 상추 쌈밥으로 일미를 장식했다. 오후 3시 기다려지는 간식시간이다. 점심 식사 마치고 1시부터 잡초 제거 예초기 작업 시작했다. 정안 묘목 구입한 고객이 방문했는데 몇 년 전 블루베리 식재한 고객이다. 블루베리 자잘한 열매 맺은 가지를 잘라가지고 왔다. 고은심님이 부드러운 우유와 상큼한 사과로 만든 사과 스위플 2팩 준비했다. 시원한 산바람 부는 그늘에 앉아 음료수를 마시며 쉬는 시간이다.

　우리 소 반장님한테 평생 일 하시며 힘들다는 말을 들어보지 못했는데 가족끼리 3일 동안 여행 다녀온 피곤함이 풀리지 않은듯 싶다. 소 반장님이 "사장님도 사모님도 나도 일손을 정리할 때가 된 것 같다." 라고 하는 이야기에 나도 말은 하지 않았지만 속내로는 공감을 했다. 소 반장님은 90이 불원하고 우리 내외는 80이 목에 차있는 터라 어쩔 수 없이 피해갈 수 없는 이정표임에는 틀림없는 사실이다.

　우리 소 반장님. 대단하신 우리 소 반장님. 쨍쨍하시던 우리 소 반장님. 손을 놓고는 못 사시는 소 반장님. 우리 농장을 지탱해 가는 우리 세 사람은 같은 과에 속하는 공통분모를 갖고 있는 끈끈한 관계이다. 사랑합니다. 존경합니다.

"쭈뼛거리며 올라앉았던
외할아버지의 무릎은 어려우면서도
어쩜 그리 푸근하고 편안하던지,
지극히 자애로우신 어머니의 그리운 모습과 함께
아련하게 남은 정겨운 기억이다."

벽촌의 도련님 - 지역 명문가의 귀한 아들

차르르 차르르 강가에 앉으면 들리던 잔잔한 물소리가 지금도
귓가에 쟁쟁하다.

- 전북 무주군 설천중학교 졸업 기념 사진 -

어릴 적의 외갓집을 떠올리면 평온하기 그지없고 아름답게 흐
르는 개울이 보이는 남대천에 놓인 둑이 생각난다. 세상 근심 없
는 듯 강가에 서서 고기를 낚아채던 강태공의 모습은 그 얼마나
평화로웠던가?

쭈뼛거리며 올라앉았던 외할아버지의 무릎은 어려우면서도 어찜 그리 푸근하고 편안하던지, 지극히 자애로우신 어머니의 그리운 모습과 함께 아련하게 남은 정겨운 기억이다.

- 대전 공업고등학교 시절 -

나는 전라북도 무주군 설천면 대불리, 깊은 산골 깡촌에서 1942
년 12월 9일 5녀 1남의 늦둥이 막내로 세상에 태어났다. 1896년
생인 어머니께서 마흔여섯의 나이에 나를 낳으셨다.

바로 위의 누님과도 다섯 살 터울이었으니 손 귀한 집안에서 아
들 하나 낳으려고 노심초사하셨을 어머니를 생각하면 여전히 가
슴 한편이 아릿하다.

급변한 지금의 세태와 달리 그 시대만 해도 전통적인 유교 의식
과 가부장적인 가풍이 엄연할 때였으므로 집안의 대를 잇고 제사
를 모실 아들의 존재감이 대단한 시절이었다.

조선의 제3대 왕인 태종의 둘째 아들로서 91세까지 장수하며
극진한 존경과 대우를 받으시던 효령대군의 자손으로서 나로부터
오대조 할아버님 때부터 무주에 정착했다. 엄연한 왕족의 일원으
로서 대우받고 살아온 명문 집안이어서 대대로 종을 부릴 만큼 위
세 있는 가풍이었으나 경제적으로 대단히 부유하지는 않았다.

워낙 귀한 대접을 받고 자라서 배곯은 기억은 없지만 그렇다고
마을의 다른 집들에 비해 크게 내세울 재산은 없었던 친가에 비해
어머니는 무주읍의 꽤 규모 있는 집안의 규수로서 집안의 위용만
보고 시집을 오셨기에 처음에는 꽤 마음고생을 하셨다고 한다.

부처님을 믿고 절에 자주 다니시던 어머니는 늘 나에게
"꼬리가 되지 말고 머리가 되는 사람이 되어야 한다."고
입버릇처럼 말씀하셨다.

수채화 같던 고향마을, 걸맞는 가풍

   내가 태어난 무주의 설천면은 이웃인 무풍면과 함께 예로부터 '십승지지(十勝之地)' 중의 한 곳으로 꼽히는 명당이다. 아름다운 민주지산과 잇닿은 봉우리인 삼도봉과 석기봉이 에워싸고 있는 안온한 마을, 마루에 앉으면 보이던 작은 폭포가 생각나는 첩첩산중이어서 읍내에서 시집오신 어머니께서는 자주 대처를 그리워하셨던 기억이 난다.

   충북 영동과 경북 김천 그리고 전북 무주를 경계로 우뚝 솟은 삼도봉과 해발 1,200m의 석기봉은 유명한 물한계곡이 사이를 돌아 흐르는 마음의 고향이다.

   날이면 날마다 정안수를 떠놓고 기원하던 어머니의 정성과 웅혼한 자연의 기운을 받아 태어난 귀한 아들이었으니 집안의 기쁨이었음은 물론 마을 사람 모두에게서 귀한 대접을 받았다. 문자 그대로 '도련님' 집에서 부르던 아명은 '석범'이었다.

한학을 오래 공부하신 아버님께서는 직접 농사는 짓지 않으셨지만, 마을의 여러 일을 손수 보시며 마을 사람들의 존경을 받으시는 점잖은 분이셨다. 현명하고 슬기로운 어머니의 자식 교육을 전적으로 믿고 맡기셨지만 의젓한 풍채와 무언의 가르침이 있었기에 어린 나의 마음에도 반듯한 정신과 의식이 자리 잡을 수 있었다고 생각한다.

나는 아주 어릴 적에 늘 누님들이나 어머니에게 업혀서 자라며 흙 한 번 묻히지 않았다.

부처님을 믿고 절에 자주 다니시던 어머니는 늘 나에게 "머리가 될지언정 꼬리는 되지 말아라"고 입버릇처럼 말씀하셨다. 비록 지게질 한 번 안 하고 소먹이는 일 정도는 이따금 심심풀이로 할 정도로 여유 있는 어린 날을 보냈지만, 그것은 상대적인 것일 뿐, 이제 막 근대로 접어든 나라, 그것도 산촌에서 무어 그리 풍족한 생활을 했을까?

그러다가 학교에 들어가게 돼서 말 그대로 시골길 시오리를 오가며 설천국민학교를 다녔다. 소풍은 무주 구천동으로 다녔으며 학교를 다녀오면 굴렁쇠를 굴리고 딱지를 치며 그 많던 동네 아이들과 밝은 산천과 맑은 공기 속에서 뛰어 놀았다.

여름이면 깨끗하기 그지없는 하천에서 헤엄치는 산천어, 땡아리 등 물고기를 잡으며 놀고 어죽을 끓여 먹기도 했다.

6.25 전쟁 때의 무섭고 두려웠던 기억들은 지금도 선명하게 남아있다. 인민군이 뒤주(곳간)를 모두 털어 아버지께 지게 지워 끌고 갔으나 어둠을 틈타 도망쳐 오셔서 한동안 뒷산에 숨어 계시기도 했다. 빨치산과 경찰이 치열하게 싸우는 모습을 직접 보기도 했다.

그러나 아직 어린아이에 불과했던 나는 설천국민학교의 교훈대로 '고운 마음으로 큰 꿈을 가꾸는 설천 어린이'였다.

* 2020년 3월 15일 (일) *   최저 0 최고 11 구름 많음

반추, 잔잔한 일상 돌아보기

하늘이 해맑지는 않지만 검고 두꺼운 구름은 아니다. 우리 햇님, 농장 출근에 동행을 원했지만 아침 기온이 차가우니 오늘은 절대 외출은 금하고 집에서 쉬라고 당부하고 나 혼자서 블루베리 농장으로 출근하였다. 아파트 지하 주차장은 비어 있는 공간이 보이지 않는다. 움직임이 없이 이동을 자제하는 듯싶다.

세종 정안 대로에 상 하행선 이동 통행 차량이 조용하기만 하였다. 코로나19 바이러스 전염 발병 발생이 빠른 시일내에 안정을 찾을 수 있는 기회가 왔으면 좋겠다. 현장에서 각고의 노력으로 헌신해 주시는 의료인 여러분과 관계 공직자 그리고 국민 여러분이 혼연일체가 되어서 이 난국이 슬기롭게 종료되기를 염원한다.

우리들의 일상을 한 번 반추해 볼 기회이기도 하다. 너무 편하게 너무 풍요롭게 너무 오만하게 살아 온 일상을 되짚어 보면 삶의 경각심 조심성 겸손하게 살아가라는 무언의 메시지가 아닌가 싶기도 하다. 좋은 세대에 태어나서 좋은 세상에 살고 있지만 세상은 그렇게 만만한 세상은 아니라는 것을 잊지 말고 살아가야 한다.

오늘도 겸손한 마음으로 하루 일정을 조심스럽게 보내려 한다. 양묘장 월동 묘목 작업장으로 이동 묘목 정돈 작업 블루클롭 품종은 오늘 끝이 날 것 같다. 바람이 몹시 심하게 불어와서 하우스 비닐이 바람에 날려 소음이 요란하고 심란하였다.

옛날 어릴 때 동네 어른들로부터 전해오는 말씀에 "심란하게 바람이 불어오고 낙엽 먼지가 회오리 바람에 날리게 되고 마음이 안정이 안 되고 심란할 때를 가리켜 뒷골 여우가 시집가는 날인가 보다"라고 한 옛 어른의 전설 같은 말씀이 생각난다.

뒷골이란 골짜기는 삼도봉과 석기봉 골짜기를 지칭한다. 삼도봉은 충북 영동군, 전북 무주군, 경북 금능군(김천시) 3개 도가 접하고 있는 산 이름으로 험산이고 백두대간이 연결되는 준령이기도 하다.

고등학교 시절 만난 여러 친구가 있지만,
밴드부를 다녔으며 부산대학교에 진학한 김상경이 특히 기억난다.
입학식 날, 주춤거리다가 실수로 발을 밟자
"너, 어디서 왔어?" 하며 무주 촌놈을 당황하게 하던 친구였지만 얼마
지나지 않아 학창 시절 내내 가장 친하게 지낸 친구다.

대처로의 한 발자국, 대전 입성

남녀공학인 설천중학교에 진학해서 평범한 학창시절을 보냈지만, 집에 오면 알아서 책을 펼쳐 놓고 공부를 하며 나름의 꿈을 키웠던 시절이었다.

조금씩 철이 들면서 세상을 보는 시야가 넓어졌고 막연하지만 '성공'에 대한 희망을 품으며 어서 빨리 자라서 세상에 나가 집안의 의젓한 대들보가 되어야겠다는 생각을 했다.

큰집이 대전 중동에서 전업사를 운영하며 잘 살고 계셔서 대전고등학교를 입학할 형편은 안되니 기술을 배울 수 있는 대전공업고등학교에 입학하려고 결심했다.

여러 가지 사정이 학교를 가려서 진학할 형편도 아니었지만, 무엇보다도 어서 내 손으로 돈을 벌어서 집안에 도움이 되어야 하겠다는 생각이 간절했다.

도련님 소리를 들으며 귀엽게만 자랐던 나였으니, 이제 진정한 집안의 기둥이 되어야 하지 않겠는가.

설천중학교 5회 졸업생 중, 5명이 시험을 치렀고 나를 포함한 2명이 합격했다.

고향에서는 남부럽지 않은 가정환경과 귀한 존재감으로 대우받던 나였지만 막상 대전으로 진학해서 학교에 가니 처음에는 공연히 주눅이 들고 자존감이 흔들렸다.

다들 내세울 것 없는 시절이긴 했지만 그래도 대전은 도청이 있는 어엿한 도청 소재지, 나는 겨우 60호 정도의 시골 촌동네 시골뜨기였다. 촌사람들이 옹기종기 모여 살던 무주 구천동의 촌놈 아니던가.

그렇지만 촌놈의 허울을 벗고 자신감을 찾게 되는 시간은 의외로 금방 왔다.

비록 도시 아이들이 반 이상이었지만 아직 젊고 순수했으며, 같은 학교의 동급생이라는 동료 의식이 금세 자리 잡은 까닭이었다. 학과는 전공 분야에 따라 다섯 개로 나누어져 있었다. 기계, 전기, 토목, 건축, 광산, 방직 중 토목과를 다니게 됐다. 겉보기와는 달리 외향적이고 활동하기를 좋아하는 성격이었지만 별다른 운동을 하지는 않았다.

그러나 옳다고 생각하는 일에 대해서는 적극적으로 나서고 나름 배짱과 용기가 있어 보여서인지 반장을 맡아 하는 등 제법 리더십을 인정받았다.

한 반에 60명, 각 과 당 두 반씩이니 한 학년 전교생이 600명이었는데 공부를 썩 잘하지는 못했지만 늘 반에서 10등 안에는 들었다.

공부보다는 인간관계가 더 좋아서 친구들 간에 교우관계가 좋았다. 선한 품성과 너그러운 마음씨를 인자하신 부모님께 물려받았으니 어찌 보면 당연한 일이지만, 덕분에 두터운 우정을 쌓기도 하는 고교 시절을 지낼 수 있었다.

3학년 때, 수리조합(현: 농어촌공사)에 실습을 나가 있는데 4·19 혁명이 일어났다. 방학 때를 포함해서 실습을 많이 나가던 때인지라 세상의 흐름은 어렴풋이 알고 있었지만, 나의 자립을 우선 목표로 삼았기에 크게 흔들리지 않고 학업에 충실할 수 있었다.

고등학교 시절 만난 여러 친구가 있지만, 학교 밴드부에서 콘닥터를 맡아 인기가 있었던 친구로 부산대학교에 진학한 김상경이 특히 기억난다. 입학식 날, 주춤거리다가 실수로 발을 밟자 "너, 어디서 왔어?" 하며 무주 촌놈을 당황하게 하던 친구였지만 얼마 지나지 않아 학창 시절 내내 가장 친하게 지낸 절친이다.

인동시장에서 삼베 장사를 운영 하시던 부모님과 함께 문창동
에 살았으며, 큰집이 있는 대동과도 그리 멀지 않은 곳이라서 자
주 드나들었다. 천성이 착하고 인정 많은 그 집 식구들도 마치 가
족 대하듯 스스럼 없이 대해줘서 친가에서 멀리 떠나와 객지에 있
던 내 마음을 따뜻하게 보살펴 주었다. 돌이켜볼 때, 그와의 우정
은 서로가 반듯한 인간성을 지녔고 좋은 가풍(家風)의 집안에서
성장했기에 가능했던 일이었다. 그와 더불어 "우리 잘 성장해서
정상에서 만나자!"라고 다짐하며 재미있고 밝은 학창 시절을 보
낼 수 있었다.

아울러 긍정적인 사고방식과 '나부터 나를 귀하게 여기자'하는
자존감을 키웠다.

- 가족과 함께, 독일에서 -

- 나들잇길에 -

주경야독의 시절이 고되고 벅찼으나
그날의 푸르고 뜨거운, 몸으로 익힌 인내심과 열정
그리고 성실성이 오늘의 나를 있게 한
기초였다고 여긴다.

주경야독, 오늘의 나를 만든 토대

직장에 다니면서 대구에 있는 청구대(현: 영남대학교) 토목과에 진학했다. 둘째 누님이 대구에 사시니 몸을 의탁할 수 있는데다가, 내 힘으로 학비를 벌어 학교에 다니려면 야간 과정이 있는 곳

- 한국전력공사 대전지사 근무 시절 -

을 택해야 했다. 청구대학에 유일하게 야간 토목과가 있었다. 나에게는 절호의 기회였다.

아직 우리나라에 본격적인 경제개발이 시행되지 않은 시기라서 토목과가 있는 대학교는 서울대, 연세대, 인하대. 동아대, 한양대

- 영남대학교 토목과 교우들과 (1961년) -

등 모두가 서울에 있었다. 누님댁이 있는 대명동에서 학교가 있는 산격동까지 거의 이십 리 길을 통학해야 했다.

누님댁 형편이 그리 풍족하지 않기도 했지만 스스로 모든 것을 해결하려는 '자립심'은 철이 들 무렵부터 길러진 정신이기도 했다. 낮에는 시내 반월동에 있는 도시계획 전문회사에 다니며 도면도 그리고 시키는 대로 잡일도 마다하지 않고 했다.

잠잘 시간도 부족한 나날이었지만 고향에서 나를 생각하면서 날로 연로해 가시는 부모님을 떠올리며, 힘들다는 생각을 할 여유도 없이 하루하루를 지내는 시절이었다. 다행히 다니던 직장의 사장님께서 기특하다며 많이 배려해 주셨지만, 오후 5시부터 시작하는 수업의 첫 시간은 종종 빠질 수밖에 없었다.

사장님은 "이군, 학교 안 가나? 학교 갈 시간 됐다. 오늘도 최선을 다했으니 어서 가라. 직원들도 이 군한테 배워라."라며 격려해 주셨지만 그렇다고 엄연히 개인사인 나의 이른 퇴근은 늘 초조하고 부담스러운 일이었다.

주경야독의 시절이 고되고 벅찼으나 그날의 푸르고 뜨거운, 몸으로 익힌 인내심과 열정 그리고 성실성이 오늘의 나를 있게 한 기초였다고 여긴다.

뻔한 수학여행 몇 번 가본 나의 눈에
끝없이 펼쳐진 바다와 순결한 백사장은 마치 앞으로 펼쳐질
미래에 대한 희망인 듯 가슴 벅찬 풍광이었다.

짧은 군 생활 - 추억으로 남은 8개월

3학년 재학 중에 입대했다. 논산 훈련소에서 4주의 기초 훈련을 마치고 특기 분류에 따라 김해 공병학교의 6주간 훈련을 거쳐 강원도 인제에 있는 부대의 중장비 독립 중대에 배치되어 장비계에서 복무하게 됐다.

아! 어쩌다 가본 부대 인근의 화진포 해수욕장은 그 얼마나 맑고 수려하던지. 기껏해야 뻔한 수학여행 몇 번 가본 나의 눈에 끝없이 펼쳐진 화진포 바다와 순결한 백사장은 마치 앞으로 펼쳐질 미래에 대한 희망인 듯 가슴 벅찬 풍광이었다. 그러나, 이미 연로하신 부모님을 모셔야 할 외아들인 사유로 입대 8개월 만에 의가사 제대 조치되어 다시 복학했다.

취업 준비에 박차를 가하려는 마음으로 직장 생활을 다시 하지는 않았다.

돌이켜 보면
긴 세월 숱한 일들이 많은 부부 사이였지만,
결론은 '사랑'이다.

운명의 만남, 인생의 배필을 얻다.

어머니 연세 마흔여섯에 아들 하나를 얻은 부모님은 어느덧 고희에 가까워 혼인을 서두르셨다. 미천리에 사시는 어르신이 어머님께 금산 읍내에 집안 좋고 서울에서 대학을 나온 좋은 규수가 있으니 가보자고 중매를 했다.

쑥스럽고 아직 이르다는 생각이 있었지만, 마음 급한 어머니를 따라 금산 읍내의 규수집에 가보니 과연 지적이고 당당한 모습의 처녀가 다소곳이 있었다.

나중에 들어보니 엄청나게 풍족하지는 못한 우리 집에 시집보내 고생할까 염려하신 장모님의 반대가 심했지만, 당사자와 장인 어른이 무척 마음에 들어 하셨다고 한다. 내 생각에도 '내 머리가 썩 좋은 편은 아니니까 저렇게 집안 좋고 영리한 여자가 아내가 되면 자식들은 머리가 좋을 수 있겠다.'라는 판단이 들어 못 이기는 체 "어머니 마음대로 하세요"했다.

지금 생각해도 옳은 판단이었다.

약혼은커녕 사진 한 장 안 찍고 대전 동원예식장에서 결혼식을 올렸다. 돌이켜 보면 긴 세월 숱한 일들이 많은 부부 사이였지만, 결론은 '사랑'이다. 친구들 만나 이런 저런 얘기를 해보면 '지금' 황혼녘에 부부간에 같이 산다는 사실만으로도 보약이 따로 필요 없는 일이다.

만약에 어느 한쪽이 건강을 잃어 불편한 처지가 된다 해도 함께 하는 사람이 있다는 것은 행운이다.

- 농장 한 켠에 자리잡은 이름 모를 새 -

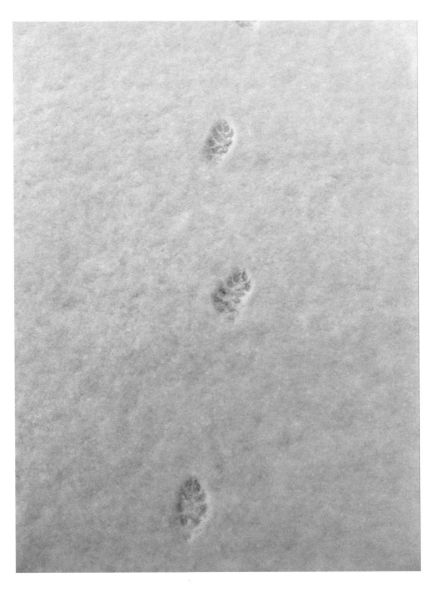

- 자연의 소리없는 흔적(이름모를 짐승 발자국) -

아직 깊지도 않은 그 겨울,
아버님은 소천하시고 출상하는 날,
상복과 상여 위로는 그치지 않을 것처럼
함박눈이 펑펑 쏟아졌다.

환향, 아버님을 일찍 보내 드리며

대학을 졸업하고 고향으로 돌아왔다. 나라에서 농지를 넓히려는 목적으로 개간 사업을 활발하게 펼쳤는데 그것을 시행할 개간 요원을 뽑고 있었다. 설천면사무소에 1년여 근무했지만 별다른 매력이 없는 업무였고 앞날을 생각할 때 그리 오래 일할 자리가 아니었다.

아직까지 오고 갈 교통수단도 마땅치 않은 시절, 집에서 왕복 삼십리 길을 오가며 주어진 여건대로 최선을 다하던 어느 날, 몹시 추운 겨울날이었다.

그날따라 면사무소 회식이 있어서 한창 식사 중인데, 같은 마을에 살던, 나보다 다섯 살 위인 작은 집 사촌 형님이 내 목소리를 듣고 나를 창밖에서 불렀다.

"사촌, 나 좀 봐. 큰아버지께서 지금 위중하셔. 어여 집에 가 보는 게 좋을 것 같아."

'며칠간 잦은 기침으로 조금 힘들어 하시길래 내심 걱정을 했지만 이렇듯 급작하게 위중해지시다니!'

소스라치게 놀라 신발도 신는 둥 마는 둥 급하게 집으로 내달려 도착하니 아뿔싸, 이미 운명하신 것이 아닌가.

점잖고 지혜로우셔서 집안은 물론 마을의 대소사에도 많은 힘을 주시던 버팀목이셨던 아버님이 이렇게 허무하게 운명하시는 것을 보니 억장이 무너졌다. 무엇보다도 홀로 남으신 어머니에 대한 염려와 책임감이 마냥 무거워지는 것이었다. 그 겨울, 아직 깊지도 않은 음력 10월 29일(양력 12월 10일) 아버님은 소천하시고 출상하는 날, 상복과 상여 위로는 그치지 않을 것처럼 함박눈이 펑펑 쏟아졌다.

- 가마골 농장에 향기를 더해 주는 라일락 -

나의 이야기

가마골 Blueberry farm
블루베리
농장

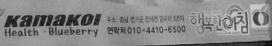

kamakoi
Health · Blueberry

주소: 충남 연기군 전의면 금사리 5번지
연락처 010-4410-6500

행복한 아침

석범 이기용 칠순 고희연

70이라는 고갯길에 서서
흘러간 지난 세월
내가 걸어온 뒤를 돌아보게 됩니다

반듯하고
정직하고
겸손하게 살아보겠노라고
살아온 내 인생 뒤안길....

반듯하게 걸어 왔는지.
뒤를 돌아보게 됩니다
"갈(之)"

그래도
삶은 아름다운 것
인생도 아름다운 것

굽이굽이 돌고 돌아
이곳까지

내가 머무는 곳
황혼의 주마등이 있는 곳
가마골블루베리 농장에
둥지를 틀게 되었습니다.

2012년 연말이 며칠 남지 않았네요.

연말 잘 보내시고
새해에는
우리 님들 가정에
만복이 깃들기를
두 손 모아 기원 올립니다.

1942년 음 3월 21 생 / 2012년 12월 27일 쓰다.

＊2020년 1월 8일 (수) ＊   최저 4 최고 5 흐리고 비 0~5mm

검은 구름이 두껍게 덮여있다. 이슬비는 오늘도 계속 이어지고 있다. 농장에 출근했다. 영농일기 기록하고 간편장부 정리했다. 어제 올라간 큰아들한테 전화가 왔다. 현대자동차 그랜저로 계약했어요. 잘했네. 잠도 잘 잤고. 아직 시차 적응이 안 풀렸을 텐데. 조급함은 금물이야, 천천히 여유를 갖고 일상에 접근하시게나. 세종 직거래 장터 도담 아름 매장 상품 재고 현황 점검하고 농장으로 돌아왔다. 내리던 비는 그쳤는데 잔뜩 찌푸린 무거운 하늘이다. 미세먼지도 아주 나쁨이다. 작업실로 들어갔다. 냉동 블루베리 선별 계근 포장하러 갔다. 500g 단품 16개 들이 한 상자 준비해서 싱싱장터 도담 아름 매장 진열대에 올려 놓았다.

＊2020년 1월 9일 (목)   최저 -3 최고 5 맑음

오늘 출근길 아침 하늘은 유난히도 맑고 청명하다. 어제까지 계속 내린 비가 그치고 해 맑은 파란 하늘이다. 자동차 전면 차창 유리로 보이는 산야가 너무 산뜻하게 보인다. 아스팔트 포장길도 도로 중앙선 도색선도 세척 한 것처럼 보인다. 농장 문을 열고 주차장에 차를 주차했다. 농장 땅을 밟는 순간 항상 그 기분이다. 출근

130

해서 커피 잔 옆에 놓고 제일 먼저 하는 일이 영농일지 기록하고 간편장부 정리하는 시간이다.

오늘 해야 할 일 비즈니스 미팅 전화 통화해야 할 상대 점검하고 기록하는 일이다. 작업복으로 갈아입고 작업화 끈 동여매고 장갑, 전지가위, 톱을 준비해서 현장으로 투입한다. 며칠 변덕스럽던 날씨가 해 맑은 태양 빛을 보게 되었다. 양지 바른 농장 햇볕 있는 그 곳이 그리워진다. 자연이 내 벗들이다. 양지쪽 햇볕도 블루베리 나무도 사랑과 교감을 나눌 수 있는 나의 벗이다. 기쁜 마음 즐거운 마음 가벼운 마음으로 자연 속 벗들과 속마음을 주고받는다.

오늘 오찬은 매월 계절 음식 먹으러 다니는 멤버들이다. 매월 9일 모이는 날이다. 9일은 조치원 5일장이 열리는 장날이다. 시골 재래시장 5일 장날은 거리에 사람도 평소보다 붐비고 차량도 장터 골목을 가득 메운다. 장날 기분이다. 옛 정취가 흐르는 날이다. 장터 골목에 들어가서 노점상을 기웃거리고 싶다. 기웃거리다 보면 불쑥 구매욕구가 발생해서 물건을 살 때도 있다. 언젠가는 요긴하게 써 먹을 수 있는 살림 밑천이 되기도 한다.

청양일식집에 모였다. 김교환님 이영원님 주남진님 나와 넷이
서 참석했고 김관수님은 손자 고등학교 졸업식에 참석하느라 불
참했다. 점심 특선 회 정식 메뉴로 덕담 나무면서 식사를 하게 되
었다.

* 2020년 1월 11일 (토) *   최저 -5 최고 5 맑음 미세먼지 많음
미세먼지 저감조치 발령 금년 겨울은 겨울답지 않게 느껴진다.
포근한 날씨가 연일 계속된다. 가마골 블루베리 농장이 위치한 지
역은 고랭지로 고도가 높고 온도가 3도 정도 낮은 곳이다. 황금색
잔디밭 영산홍 소나무 위가 뽀얀 분 칠 한 것처럼 보인다. 체감 온
도는 언제나 칼칼하게 느껴지는 곳이다. 기분이 상쾌하고 즐겁다
는 이야기다. 선거철이 가까워지는 모양이다. 출판기념회, 선거
사무실 개소식 같은 행사가 연일 계속되고 있다. 해가 너무 짧다.
어제 하던 일 양묘장 묘목 월동준비 작업장으로 올라간다.

* 2020년 1월 12일 (일) *   최저 -5 최고 5 흐림
이른 아침 냉동 블루베리 주문 전화벨이 울렸다. 오전 10시까지
농장으로 온다는 전화였다. 가능하겠냐는 확인 전화다. 일단 가
능하다고 했다. 서둘러 농장으로 출발했다. 좀 빡빡한 시간이다.

농장 가서 냉동실에 저장된 노란 상자를 작업실로 옮겨 선별하고 500g 용기 단품 계근하고 포장한다. 스티로폼 박스에 500g 4팩 아이스팩 같이 넣어 테이핑을 해서 포장을 완료한다. 포장 작업이 10시에 마무리 되면서 주문 고객도 동시에 농장으로 들어오고 있었다.

나는 내 상품이 팔려 출고되었으니 감사하다고 인사를 했다. 정확한 시간 약속 이행해줘서 고맙다는 인사다. 싱싱 직거래 장터 매대 잔고 상품 정리하고 교회로 가는 중이었다. 오전 주문 고객께서 추가 주문 오후 2시까지 가능하냐는 것이었다. 네 가능합니다. 교회 예배 마치고 교회 2020년 새로 임직을 맡은 직분 임명장 전달 등 교회 행사 수순이 빡빡하게 연결되어 있다. 2시 고객과의 약속 때문에 급히 농장으로 이동 블루베리 출하 상품 포장 완료해서 약속 시간을 지킬 수가 있었다. 고맙고 감사했다. 범사에 감사하다.

* 2020년 3월 1일 (일)   최저 1 최고 14 구름 많음
  3.1절 오늘이 3.1 독립운동 100주년 되는 날이다. 일제 치하에서 자유 독립 만세를 외치던 그날 그 함성이 어언 100년 전 일이다. 일제 강점기 혹독한 참상들은 학교 선배님들로부터 전해들은

이야기이다. 참고 그냥 넘기기엔 너무나 고역의 역사가 아닌가 싶다. 가마골 블루베리 농장에 들어서면서 마음의 문이 활짝 열리는 기분이다.

주차장에 차를 세워 놓고 노란 황금빛 잔디 사이로 화강석 디딤돌을 밟고 별채 현관을 향해 이동 중이었다.

우리 농장 가장 먼저 봄소식을 전해 주는 하얀 수선화가 청초하고 단아한 진청록 단장을 하고 제일 먼저 봄소식을 전해주기 위함일까? 땅속을 헤치고 올라오는 난초처럼 군락을 지어 올라오고 있었다. 영산홍 군락지 앞 자연 정원석이 놓인 앞과 옆으로 군락을 지어 새 생명이 태어나듯 힘차게 올라오고 있다.

요즘 아침 기온이 1도 내외 영하 3,4도까지 내려가서 필자는 아침 출근길 지금도 추움이 염려되어 두꺼운 옷을 챙겨 입고 출근하는데 어찌하여 하얀 수선화는 그리도 추위를 아랑곳하지 않는지 더 사랑스럽고 애절함이 느껴진다.

오늘도 어제 하던 우드칩 멀칭 작업 남은 부분 이어지고 우드칩이 부족하면 기계톱 나무 벌목하여 잔가지를 파쇄목 소재로 선별 분류하여 파쇄한 다음 우드칩으로 멀칭 작업에 사용한다.

출퇴근길 동반자, 내 사랑 '라보'

오늘도 어제처럼 실 가랑비가 내린다. 내 출근 차량 라보 냉동 탑차 엔진오일 교환 할 때가 되었다. 19만km 주행거리 계기판에 표기가 되어있다. 가마골 블루베리농장 창업 초기부터 운행했던 차량이다. 내가 움직이고 활동하는데 애마처럼 가장 소중한 소유물이다. 지엠 바로 서비스 조치원 점을 찾았다.

차량이 많이 노후화돼서 손 볼 곳이 많아 2시간 점검시간이 필요하다고 해서 차량을 맡겨 놓고 하준용 대표 차량으로 농장까지 픽업 서비스를 받았다. 20분 이상 소요되는 거리인데 하준용 대표가 농장까지 픽업 서비스 해주는 친절에 고마운 마음을 전했다.

- 나의 애마 '라보' -

부산 동백섬에서 고은심 님과 함께 -

가마골 사랑 - 나의 동반자 고은심님 글

- '카페' [가마골 블루베리 농장]에 수록된 글 -

* 2017.1.10 *

손끝으로 피워내는 꽃, 날마다 넘~ 재밌어요!
취미생활을 바꾸며...
아이들을 가르치며 영어공부를 했다 그때도 재밌었다.
그때 취미로한 영어공부가 나만 아는 듯 좋았다.

큰 아들에게 바둑을 가르치며 나도 함께 한 바둑에 빠져 밤이면
잠자는 시간이 아까워 남편과 아이들 재워놓고 포석, 사활, 정석,
명인들의 기보 복기에 많은 시간을 보냈다.

한동안 생활도자기에 그림을 그리고 굽고 ....

이곳 세종시에서 블루베리 농장을 하며 포토샵과 플래시를 공
부했다. 젊은 날 배웠던 영어 덕분에 많은 용어들을 쉽게 이해할
수 있었다

요즘 70의 중반에 새로 만난 프랑스 자수!
너를 만나 행복하다. 모든 스티치 이름 역시 영어를 쓰고 있어서
외우기 쉽다.

여름 농사 끝나고 9월부터 시작해서 초급 중급을 마쳤다.

이불깃에 양귀비꽃.

라벤다 꽃.

코스모스.꽃.

팬지.

카모마일.

수레국.

비비추.

보라색 들국화.

이름 모르는 야생화....

손녀딸 복주머니, 내 가방도 만들고 방석, 쿠션, 티매트....

손녀딸 복주머니, 친구들이 예쁘다고 말하면 할머니가 수놔서 만들어주었다고 자랑한다.

이불깃 - 밤마다 편히 주무시라고 정성들여놓은 꽃들....

* 2019년 12월 30일 (월) *   최저 -5, 최고 10 흐리고 비 1~5mm

영국에 거주하고 있는 둘째 손자 현재가 보내 온 새해 인사 글이다. 가족끼리 주고받는 감정 표현은 주고받을 때 언제나 따뜻한 마음을 느끼게 한다.

할머니 할아버지 새해 복 많이 받으세요! 늘 걱정해주셔서 정말 감사드리고 저는 영국에서 열심히 생활하고 있습니다. 할머니 수술하시고 무릎 나으셨다는 소식 듣고 너무 기뻤어요. 새해에도 몸 건강하시고 자랑스러운 손자가 되겠습니다. 파이팅!!!

블루베리

* 첫 댓글 12.12.30 *

사랑하는 우리 손자 현재!

멀리 그 머나먼 곳 영국 땅에서 금년 한해를 보내는 사랑하는내 손자 현재가 한 해를 넘기는 새해 인사말에 할아버지는 세상을 다 얻은 것처럼 기쁘다.

한 해를 잘 마무리하고 2013년 새해에는 새롭게 성장하는 귀한
손자가 되기를 축원한다.
신사의 나라 영국에서 신사답게 살아가는 것.
추억을 많이 쌓아 두게나.

가마골사랑

* 12.12.30 21:27 *
현재구나!! 방가 방가~
늘 할머니 건강까지 챙기는 의젓한 멋쟁이 이쁜 손자 고마워...
책도 많이 읽고 공부도 잘한다고...
자랑스런 손자가 되어주렴 *^^*

- 내 사랑 블루베리 (블루베리 단풍) -

2020년의 일기들

＊ 2020년 1월 24일 (금) ＊   최저 -2 최고 9 맑음

오늘은 까치 설날이다. 우리 작은아들 강호 내외가 아침 일찍
서둘러 수원에서 내려왔다. 따스한 맑은 태양 햇빛이 곱기도 하
다. 우리 마님, 작은아들 내외, 큰 며느리까지 우리 넷은 설 명절
음식 준비 팀으로 집에서 남기로 했다. 큰 아들 강승상무와 냉동
탑 차로 농장으로 같이 출근하게 되었다. 애비의 농장 일손 돕기
위해서다.

전정 작업이 끝난 블루베리 식재되어 있는 두둑에 친환경 유기
농 인증 제품 유박과 퇴비용 흙살로 동시에 시비를 해야 하는
작업이다. 그 위에 잔가지 파쇄 목 우드 칩으로 멀칭하는 작업이
다. 시비량은 공히 2주에 1kg씩 시비를 하고, 큰아들이 해야 할
작업 내용을 분담시켜 주었다. 유박 퇴비 시비를 끝낸 다음 그 위
에 주변에 널려있고 쌓여있는 가을 낙엽을 긁어모아 덮어주고 다
시 그 위에 우드 칩으로 멀칭을 하는 작업 순서다.

유기농 블루베리 겨울 철 월동 준비하는 영농 과정 수순이다.
오후 1시다. 우리 부자는 하던 일을 정리하고 끝낸 후에 점심 준
비해 놓고 기다리는 집으로 달려갔다. 설 명절 음식으로 준비된

오래간만에 큰아들과 함께 마련된 오찬 자리였다.

3시다. 설날 전날은 까치까치 설날 작은 설날이다. 금강 변 세종보 홍보관 2층 조용하고 분위기 있는 커피집이 있다. 금강을 조망할 수 있는 남향으로 향해 자리 잡고 있는 커피집이다. 우리 5단지에서 그곳 커피집까지 연결되어 있는 보행로는 조용히 걷고 싶은 길이다. 숲길로 바로 연결이 되어 있다. 한솔동 주민센터 정음관 뒤로 데크 계단 몇 계단을 올라서면 동산 산길, 소나무 숲길, 울창한 숲길 등산로가 아기자기하게 연결 된다.

길을 따라 남쪽을 향해 걷노라면 7단지 사이 길로 빠져 내려간다. 길을 건너서면 세종보 홍보관 건물이 보인다. 2층으로 올라갔다. 우리 마님 고은심여사
"아우 좋다"
큰 며느리도 작은 며느리도
"아버님 좋아요"
두 아들도 좋아요가 터졌다. 오후에 음식을 만들기로 한 것은 잠시 손 털고 산책하러 가자고 했다. 실크리버가 코앞에 보이는 금강 변에서 우리가족이 유유자적하는 만남의 의미가 마냥 새롭

기만 하다.

대전에서 전화가 걸려 왔단다. 딸과 사위 외손녀 셋이서 출발한다고. 우리도 지금 일어나 출발하면 비슷한 시간 아파트에서 같이 만나게 될 것 같다. 집으로 가는 길은 금강 우안을 따라 내려간다. 내려가다 보면 국도 1호선 교량 세종 랜드마크 학나래교가 보인다. 금강 우안 제방 길이고 우측 7단지 앞 산책길이기도 하다.

7단지에서 큰 신호등 도로를 건너 6단지로 연결된다. 6단지를 지나치면 5단지 우리 집이다. 집에 도착 시간이 대전 팀과 거의 같은 시간에 들어오게 되었다. 딸이 오고 사위가 오고 외손녀 현정이까지 와서 모처럼 흐뭇하고 풍요로운 시간들이었다. 오늘도 감사하다.

* 2020년 1월 29일 (수) * 최저 -1, 최고 10 흐리고 비(강수량 없음)

오늘 일정이 매우 타이트하다. 사랑하는 고은심 여사 귀에 염증이 발병한 것 같아 이비인후과 전문의 치료가 요구된다. 나 역시 어깨 팔 손가락 저림이 있어 전문의 상담 치료를 받아야 한다. 농장 출퇴근 차량 94고 3198 냉동 탑 차량 0.5톤 세상에서 제일 작은 차량이다. 보험료 납부 설계비용 견적서가 고지되어 알려왔다.

일백오십이만삼천 원(1,523,000)이 날라왔다. 영세농가에 이해가 안가는 금액이다.

2020년 친환경 지원사업 신청 마감일이다. 그저께 다녀간 울타리 공사 지원 사업 공사내역 견적서 설계서 제출하는 마감 날이다. 3시부터 세종시 친환경 연합회 총회가 있는 날이다. 94고 3198 차량 보험료 과다 지불 금액 고민 끝에 타 보험사로 정보 검색 한 결과 일백 구만원(1,090,000)으로 조정 납부하게 되었다. 이렇게 많은 금액 차이가 날 수 있는지 선뜻 풀리지 않는 금액이다.

433,000원이 절약되는 기쁨보다 횡재를 얻은 것처럼 재물 수를 얻은 것 같다. 기쁨을 안겨주는 좋은 하루였다.

＊2020년 1월 30일 (목) ＊ 최저 -3 최고 9 맑음

어제 밤 일찍 잠자리에 들었다. 11시부터 깊은 단잠을 이루고 아침 6시에 일어났다. 숙면 시간 7시간이다. 긴 시간 깊은 잠에서 일어났으니 몸도 마음도 가볍게 일어났다. 창밖 앞산이 보고 싶어서 커텐을 올렸다. 산뜻하고 기분 좋은 아침이었다. 맑고 청명한 하늘이 좋았고 고은심님 어제 중앙 이비인후과 원장님인 명의

이상도 박사로부터 치료 효과가 있다는 결과를 들어서 좋았다. 진료가 끝나고 원장님이 "잘 들리지요?" 묻는 말에

"네" 라고 선뜻 대답, 말미에 나도 이야기를 듣는 순간 날라 갈 듯 기분이 좋았다. 진료 받은 본인보다 내가 더 좋을 수밖에 없다. 서로 대화 중 한 말 또 다시 물어보는 경우가 없을 테니까. 감사해요. 이박사에게도 감사 인사 올리고 병원 문을 나왔다.

중앙 이비인후과 이상도 박사는 의료인으로서도 지역사회에서도 이미 많은 덕을 쌓았지만 라이온스 지역 총재직을 실행하는 동안 봉사를 두루 섭렵하신 분이다. 사람의 근본은 효라는 가치관을 마음속에 담고 사는 분이시고, 효 문화 실행 단체 조직 총재직을 맡아 효 문화 사랑을 펼쳐 가시는 분이시다. 진료를 마치고 병원 문을 나왔다. 고마움의 표시를 눈가의 미소로 남기고 1층 한솔 약국에서 처방 받은 조제약을 받았다.

지하철로 시청 옆 남병원으로 이동했다. 내 병, 목 어깨 팔 손가락까지 저려서 진료를 받고자 방문한 병원이다. 남병원은 통증 재활 병원이다. 우리 고은심 여사 단골 재활 병원이다. 고은심 여사 권유에 못 이겨 끌려온 셈이다. 내 병은 우리 큰 아들 강승님이 낫게 해 주었다. 아버지 베개 한번 바꿔 보세요. 도저히 믿기지 않는

- 백류정사옆 소나무 고목에 핀 영지버섯 -

이야기다. 자식의 권면이기에 반신반의하고 실행에 옮기기로 했다. 아들은 우선 베개가 높다고 결론을 내린다. 아들이 외국 직장 업무 출장 중에 밤마다 잠자리에서 체험해서 얻은 답이라고 했다. 꽤나 고가인 베개를 아들이 구입해왔다. 지금은 완쾌되었다. 베개가 병을 치료한 셈이다.

치료가 약물이나 진료로만 얻는 게 아니라는 것을 알게 되었다. 우리 아들이 고맙다. 편안한 잠자리는 건강을 지키는데 제 1순위라는 사실 다시 한 번 새겨들어야 할 이야기다. 허리 척추에서 뒤 머리로 연결되는 경추까지 신체를 구성하는 고속도로같은 연결 구간이다. 팔과 다리 손발이 차고 저리고 이상 증상이 발병하면 모두가 척추 경추에서 이상 유무를 점검해 볼 필요가 있고 일상생활 속에서 잘못된 생활 습관으로 인해서 발병되었음을 알 수가 있었다.

저녁 시간이다. 시청역 출구 대각선 맞은편에 위치해 있는 접근성이 좋은 식당이 하나 있다. 시라스시 초밥 집이다. 탕 종류를 잘하는 집이다. 그 중에도 대구탕맛이 탁월하다. 내 개인적인 기준이다. 병원 출입하고 지하철 타고 내림에 피로가 쌓였던 것 같다.

지리 대구탕으로 주문해서 두 영감 할멈 마주 앉아 시원한 대구탕으로 포만감 있게 아주 잘 먹었다. 국물 있는 음식이 기호에 맞는다. 나이 탓인가 보다. 시라스시 초밥 집은 꽤나 오래된 역사가 있는 집이다.

나오면서

"항상 변함없이 잘하고 계시네요. 이곳에서 한 20년 하셨죠?".

"17년째 되는 해입니다."

지하철 종점 반석 환승역에서 내차로 환승해서 첫마을 우리 집으로 돌아왔다. 잔가지 파쇄기에 엔진오일 보충 신호 알림이 떠있다. 조치원 시장 골목에서 잊지 않고 구입해야한다. 날씨가 좋아서 은심님도 농장 동행하기를 원하고 있다.

"그래요. 조치원 다녀서 같이 갑시다." 농장으로 돌아왔다.

냉동 탑차 새로 선정된 보험사와 갱신 계약 작업이 시작되었다.

수원 사무실과 관계 기초 자료 송달 발송하는데 스마트폰 팩스 기기를 이용해서 받고 보냈다. 힘들게 처리했다. 일에 무서움을 모르고 살았는데 인터넷 기기, 스마트폰 기기로 접근이 되면 걱정과 혼란이 온다. 가까스로 계약 관계 일건 서류가 완료되었다. 고민도 하고 씨름을 해서 완결된 쌍방 간 계약서류가 완결 되었다.

고민하고 씨름을 했어도 과거 같았으면 수원을 올라가든 세종을 내려오든 대면 계약으로 이루어 졌던 시대였는데 앉아서 갑과 을의 계약이 성사 되었다는 사실은 대단한 세상에서 살고 있다는 꿈과 같은 이야기다.

　무엇을 했는지 쉬지도 않았는데 시간은 12시 30분이다. 블루베리 밭 매는 아낙네 은심님께 소리 질러 손짓을 했다. 내려오시라고. 농장 근처에 염소탕 식당집이 있다. 한 그릇씩 단품으로 나오는 집이다. 남향집 창가에 앉아 염소탕 두 그릇을 주문했다. 풀밭 매고 시장기가 있어 보인다. 맛이 있다고 얼굴에 밝은 미소가 흐른다. 몸도 왜소하고 건강도 좋은 편은 못 되는데 팔십 산수 나이에 자연 속에 파 묻혀 흙과 호미와 겨울 태양 햇볕은 보약 같은 보물이다.

　오후 작업이 시작되었다. 잔가지 파쇄 목 우드칩 멀칭 작업이 계속 이어졌다. 우드 칩으로 밭고랑 덮고 겨울 풀매기로 농장 정리가 마무리 되었다. 농장은 너무나도 깨끗하고 사랑스러워 보였다. 5시다. 냉기가 흐르는 찬바람이 불어온다. 여보 끝냅시다. 작업 종료 신호를 보냈다.

　목요일 저녁이다. 미스터트롯 일대일 데스 매치하는 날이다. 불꽃 튀는 날이다. 둘 중 하나는 아웃되는 날이다. 그러면서도 끝나고 나갈 때는 서로 격려해주고 위로를 주고 받으며 나가는 모습들이 멋스러워 보였다. 만인이 공감하는 좋은 프로였다.

* 2020년 2월 13일 (목) * 최저 3 최고 14 흐림

조용하게 소리 없이 내리던 봄을 재촉하는 봄비는 그쳤다. 두꺼운 패딩 옷을 벗어 던지고 가볍고 연한 색상 아이보리 색상 반코트를 입고 출근길에 올랐다. 봄 냄새 풍기는 기분 좋은 아침 출근길이었다. 어제 내린 비로 대지가 촉촉하게 젖어있다. 촉촉한 봄비는 우리 네 농심을 미소짓게 하며 풍요로운 감성을 안겨주었다.

2농장 블루베리 듀크 포지로 올라갔다. 잔가지 파쇄 목 우드 칩 멀칭하는 작업장이다. 멀칭작업이 순조롭게 진행 되어서 2월 말까지 끝맺음을 해야 한다. 다행이도 금년 2월은 윤년이 끼어있는 달이다. 29일까지 있어 하루가 더 보너스로 있는 달이다. 쉬지 않고 여백 없이 작업이 계속 이어지면 가능하리라 믿는다.

정기재님과 오찬 약속을 한 날이다. 11시 30분이다. 12시 미팅 약속이다. 첫마을 5단지에 거주하면서 같은 단지에 가까운 이웃으로 편안하게 이야기 나눌 수 있는 분이다. 주차장 가까이에서

영접하고 싶어서 주차장이 보이는 잔디밭 영산홍 군락지 전지를 하면서 기다렸다. 삐까삐까한 검정색 좋은 승용차가 농장 안으로 들어오고 있다.

"어서오세요. 반갑습니다. 잘 지내셨지요?" 인사를 나누고 현관 안으로 영접 원탁 테이블로 안내를 했다.

커피 한 잔 나누며 세상 살아가는 편한 이야기를 나눌 수 있어서 좋다. 12시 30분이다. 가마골 블루베리 농장에서 남쪽 방향 고개를 하나 넘으면 백제의 고도 공주 땅이 나온다. 공주시 의당면 덕학리를 지나 도신리 청송 염소탕 집이 나온다. 정기재님이 좋아하는 메뉴다. 염소탕 전골로 주문을 했다. 맛있게 먹는 사람이 식복을 타고난다는 옛 말이 있다.

2시 농장에서 헤어졌다. 작업복으로 갈아입고 손수레에 갈쿠리, 바가지, 톱, 전지가위 준비해서 2농장으로 올라갔다. 현장에 엊그제 준비해 놓은 잔가지 파쇄 목 우디칩 멀칭 작업 마치고 다음 골부터 블루베리 나무 6주 전지작업을 마쳤다. 5시 30분이다. 작업 종료를 알리는 알람이 울렸다. 오늘도 좋은 하루였다. 내가 거주하는 생활의 안식처 기다림이 있는 곳으로 달려간다.

* 2020년 2월 24일 (월) *

최저 -4 최고 15 맑음 오후 흐리고 비 1~5mm

오늘도 파란 하늘 청명하고 조용한 봄을 기다리는 날을 재촉하는 하루가 시작이 되고 있다. 밤부터 많은 비가 내린다는 예보인데 마음이 조급해 진다.

내가 거주하는 첫 마을 5단지 이상배 동대표 빙모상 부고를 받았다. 코로나19 질병 바이러스 때문에 나라 전체가 야단법석이다. 사람끼리 만남이 절대 금기시 되어있다. 상가조문을 피하는게 오히려 예를 갖추는 현실이 되고 있어 안타까울 뿐이다.

첫 마을 5단지 관리 사무실로 들어갔다. 이숙이 관리소장과 사무실에 마주 앉아 커피 한 잔 나누며 부의금만 전달하는 예를 갖추었다. 상가 조문 가서서 고인이 편히 영면 할 수 있도록 마지막 모시는 순간까지 사위 노릇 잘 하시라는 덕담도 전하고 농장 출근길에 올랐다.

＊ 2020년 2월 25일 (화) ＊ 최저 최고 흐리고 비 5~60mm

봄을 재촉하는 봄비가 내린다는 일기예보다. 꽤나 많은 비가 내린단다. 대지를 촉촉하게 적시는 비가 조용히 내리고 있다. 낮 날씨 10도 미만이면 옷을 두툼하게 입고 작업 현장에서 활동하는 게 편할 것 같다.

코로나 19 질병 환자가 아침 조간신문 보도에 800명을 넘겼고 환자의 1%인 8명이 사망했다는 기사를 보았다. 특히 대구 경북 지역에서 환자가 급증하여 비상사태에 가까운 시국이다. 중앙정부 지방정부도 의료기관 의료인 특히 질병본부 관련 구성원 모두에게 노고와 격려를 아낌없이 보내고 싶은 마음이다. 이럴 때일수록 우리 국민 한 사람 한 사람이 지켜야 할 매뉴얼을 잘 지키면서 어려운 고비와 시국을 슬기롭게 이겨나가야 한다. 시작이 있으면 끝이 있다는 인내가 필요한 시점이다.

조용해지고 잠잠해질 때까지 아름다운 끝맺음을 할 수 있도록 우리 모두가 기도하는 마음으로 이 어려움을 헤쳐 나아가야 할 것이다. 온 국민의 마음이 무겁다. 이 어려운 상황이 희망이 보이는 날이 빨리 오기를 빌어 염원해 본다.

＊2020년 2월 26일 (수) ＊

어제 하루 종일 그치지 않고 조용히 내린 비로 대지가 촉촉하게 젖어있다. 새 세상을 만난 듯 싶다. 맑고 파란 하늘이 그렇게 보인다. 아침 농장 가는 출근길이 언제나 초행길처럼 신선하고 아름답게 느껴진다. 우리 농장 출입하는 내방객 길손들도 그렇게들 생각하는 것 같다. 그럴 만한 사유가 있나보다.

세종 정부청사에서 정안 IC로 연결 도로가 고산준령으로 연결되어 있다. 차창 밖으로 첩첩산중 보이는 조망권이 눈높이 아래로 보여서 경치가 장관을 이루고 있다. 비 내린 후 맑고 푸른 하늘 미세먼지까지도 좋음으로 나타나 눈 안에 들어오는 모든 형체들이 너무 신선해 보인다. 별당에서 창밖으로 목전에 보이는 앙상한 영산홍 군락지가 눈 안으로 들어온다. 영산홍 군락지 밑으로 참새만한 크기의 머리와 꼬리 부위에 하얀 무늬가 박힌 텃새들이 꼬리춤을 추며 나를 지켜보고 있는 듯 반겨주고 유혹하고 있다.

영산홍 가지 밑으로 앙증맞게 날아다니고 건너 뛰어 다니며 내 시선을 유인하고 있다. 온갖 새들 날짐승들은 두 마리 짝을 지어 이동하고 날아다니는 모습을 볼 수가 있었다. 참 보기 좋은 눈요깃감이다.

오늘 점심은 첫 마을 한솔동에서 먹기로 했다. 집에서 점심 먹을 기회가 있으면 마음이 편하고 안정이 된다. 60년 같이 사는 동안 아내가 내 입맛에 간을 맞출 수 있어서 그런가 보다.

* 2020년 2월 27일 (목) * 최고 −1 최고 10 맑음

오늘도 화창한 하늘을 바라보며 하루가 시작되었다. 오늘 점심은 도시락으로 준비했다. 외부로 나가서 매식하기엔 마음이 당기지 않아서이다. 코로나19 질병은 우리 모두가 심각하게 인지하는 것이 중요하기 때문이다. 서로를 위해 공동체 사회 공공의 이익 공익을 위한 사회 정의가 요구되는 바램이다. 우리들의 공동의 목표를 우리 스스로가 만들어 가야하는 중요한 시점을 인식해야 할 것이다. 2농장으로 올라간다. 톱, 전지가위를 준비해서 블루베리 나무전지 작업 현장으로 이동한다. 오늘 햇살도 너무 좋아서 일하기 좋아하는 사람에게는 황홀한 날이다.

일손 시작부터 즐겁고 행복하다. 깃털 곱게 단장하고 날라온 딱따구리 텃새가 부식된 나무 벌레를 찾아 나무 아래 위 앞뒤로 붙어 날라 움직이며 톡톡 나무를 찍는 소리 듣고 싶어서 딱따구리

있는 곳을 찾아 2농장 작업 현장으로 왔다. 일에 취하고 딱따구리 나무 찍는 소리에 취해 시간이 흘러 11시 50분 알람이 울렸다. 블루베리 나무 6주 작업을 끝냈다. 준비해 온 도시락을 열고 시장이 반찬이라고 점심 식사를 맛깔나게 해결했다.

 따스한 2월의 햇빛이 좋다. 남쪽을 등지고 작업하니 등이 따스해서 너무 좋다. 일하기 너무 좋다. 도시락 밥 맛이 너무 좋다. 나 혼자 만이 느낄 수 있는 물맛이 너무 좋다. 아침에 출근해서 블루베리 잎으로 물을 끓였다. 끓여 놓은 물 잎차 색상이 곱기도 하다. 연한 블루베리 와인 색깔이다. 잎차 물맛이 블루베리 잎차 고유의 담백한 맛이기에 물 한 컵 입안에 넣고 마시면 한동안 입 안이 개운 한 느낌이 유지된다. 연 중 친환경 유기농 미네랄 성분으로 뿌리로부터 공급받아 잎이 반들반들하게 윤기가 흐르는 단풍잎으로 변신하게 된다. 안토시안 기능성 성분이 담긴 블루베리 잎이 나무에 달리게 된다.

 만추의 계절 가을철 새빨간 홍엽으로 단장한 블루베리 잎은 차디찬 서릿발을 맞고 나무에서 떨어질 무렵, 늦가을 초겨울로 접어드는 때에 맞춰 잎을 채취하게 된다. 깨끗한 물에 세척을 한 다음 그늘에서 건조를 한다. 건조를 한 블루베리 잎을 큰 솥에 넣고 덖어 만들어 낸 아주 귀한 잎차다. 보기 좋고 마시기 좋고 건강에 너무 좋은 차다. 12시 40분이다. 햇빛이 너무 좋아서 2농장 블루베리 전지 작업 현장으로 올라갔다. 오전에 하던 일 오후에도 작업이 계속 이어졌다. 정신없이 시간 가는 줄 모르고 작업이 진행되었다. 13주를 해서 오전 6주, 합이 19주로 작업을 마쳤다. 한솔동 집으로 퇴근하는 길이다. 마음이 가볍고 기쁘다. 해피엔딩이다.

* 2020년 2월 28일 (금) * 최저 0 최고 6 흐림 비 1~10mm

흐리고 비가 내린다는 예보다. 강우량이 많은 양은 아니고 가랑비가 소리 없이 내린다. 요즘 비가 자주 내리는 것 같아서 매일 아침 기록하고 있는 영농일지를 체크해 보았다. 비 내린 날이 9일이고 눈 내린 날이 2일 합이 11일이다. 비가 연일 내린 셈이다. 비가 자주 내리면 식물 뿌리가 물에 잠겨 있게 되고 수중에 잠겨 있는 식물 뿌리는 활동을 할 수 없어 성장에 지장을 받게 된다.

일조량에도 많은 변화를 준다. 2월을 마지막 보내는 날이다. 농부는 작업복으로 무장하고 작업 현장으로 투입되어야 하는데 연일 계속 비가 내리고 있으니 고민이 많아진다. 초봄 봄비는 비맞고 일하기에는 무리수다. 특히 소 반장님은 연세도 많으신데 비를 피해 할 수 있는 일을 찾게 되었다. 몽골 텐트 안에서 비를 피해서 해야 할 일을 찾게 되었다. 아이스팩 재고가 없어서 냉동 블루베리 택배 출하를 할 때마다 고민했던 부분이었다.

　아이스팩에 물을 넣어 주입하는 작업이다. 연 중 계속 냉동 블루베리가 출하되므로 오늘같이 비 오는 날. 비를 피해서 몽골 텐트 내부 안에서 해야 할 작업 항목이다. 스마트 폰 전화벨이 울렸다. 함승종 회장 전화다. (사)한국블루베리 협회 회장을 역임하신 분이다. 서로 자주 안부를 확인하고 지내는 분이기에 반갑게 안부 인사 근황 이야기로 교감을 나누었다. 만나자구요, 얼굴 좀 보자구요, 밥 한번 먹자고 간청을 하였다. 코로나19 팬데믹이 좀 지나간 다음 조용하고 평안한 세상이 오면 만나자는 교감을 나누었다.

* 2020년 4월 1일 (수) *　최저 6 최고 20 흐림 오후 맑음

4월 1일이다. 1분기가 지났다. 금년 한 해도 반에 반이 지났다. 세월은 흘러가는 물처럼 한 번 흘러가면 돌아오지 않는다. 우리 소 반장님 나하고 인연 맺은 지 30여년 내 일터에서 항상 나와 같이 동고동락을 함께 하신 분이다. 첫 출근해서 풀매기를 시작하였다. 당근 풀은 뿌리가 당근 뿌리처럼 굵고 깊게 박혀서 호미로 매기엔 쉽지가 않아서 내가 해야 할 일이다.

우리 햇님(고은심님)은 타박상 상처 난 환부 피멍이 많이 좋아졌는데 발목 부위가 많이 부어 있어서 지팡이를 짚고 보행하는데 어려움과 통증을 많이 느낀다. 보기도 안쓰러워서 마음이 편치도 않다. 발목 보호대를 착용하고 움직이는 횟수를 좀 줄였으면 좋겠는데 성격 탓인지 자기 관리가 순조롭지가 않다.

나이 드신 소 반장님 처음 출근하셔서 이른 아침 쌀쌀한 추위에도 풀매기 현장으로 올라 가셨는데 햇님 걱정이 태산 같아 보인다. 오전 새참은 노란 고물 시루떡 한 쪽과 앙꼬 넣은 조그마한 예쁜 떡을 준비하여 풀매기하는 현장 단풍나무 밑 테이블이 있는 곳으로 올라가 따뜻한 보온통물 준비하여 식도락을 즐겼다.

소 반장님 딸들 이야기다. 자주 오던 딸들이 코로나 19 질병 여
파로 오는 횟수도 뜸하고 왔다가도 식사도 못하고 돌아간다는 이
야기이다. 언제쯤 이 환란이 풀려 세상 제 모습을 보게 될 지 간절
한 마음으로 기도하며 새 세상이 오기를 기다린다. 피트모스 한
포 파쇄 해 놓고 당근 풀 삽으로 깊이 넣어서 파내는 작업을 계속
했다.

- 하얀 꽃망울, 5월의 블루베리 꽃-

* 2020년 4월 2일 (목) * 최저 1 최고 16 맑음

소 반장님 모시고 농장에 도착 주차장 탑승 차량에서 내렸다. 매우 쌀쌀함이 느껴졌다. 아침 최저 기온 1도였다. 가마골 블루베리 농장은 고랭지 분지이기에 기온이 낮아서 체감 온도가 낮게 느껴진다. 오늘도 일기는 참 좋은 날이다. 따뜻한 맑은 햇빛이 활동하기 좋고 일하기 참 좋은 날이다. 소 반장님 어제 하던 2번지 화분 주변 풀매기 하러 현장으로 이동했다.

- 백철쭉과 양귀비 꽃 -

고은심님이 오늘 오전 새참은 아주 특별한 별식 쑥전을 해준다고 아침 쌀쌀한 날씨에 친환경 유기농 가마골 블루베리 농장에서 가냘프게 지상으로 올라온 아주 어린 연약한 햇쑥을 뜯어 다듬고 있다. 소 반장님이 좋아하시는 레시피다. 나 또한 별식일뿐더러 소 반장님이 좋아하셔서 덩달아 기분이 좋았다.

2번지 두 줄 배기 꼬리 부분이 있다. 삽으로 당근 풀 제거 작업 진행 중이었다. 9시 전화벨이 울렸다. 소 반장님 추운데 따뜻한 차하고 새참으로 준비한 쑥전 갔다 드리라는 전화였다. 아침에 삽질을 많이 해서 그런지 나도 새참이 기다려진다. 쑥전에, 견과류에 캔맥주를 준비하여 소 반장님과 같이 야외 테이블에 앉아 쑥전 새참과 캔맥주로 즐거운 휴식 새참 시간이었다.

- 순백색 블루베리 꽃 -

소 반장님이 사모에게 고마웠다고 잘 먹었다고 전해달라는 인사말까지 하였다. 나또한 별식 새참 쑥전과 맥주 한 캔 견과류 한 봉 안주로 풍요로운 새참 별식 이벤트로 장식했다. 우리 아들들이 우리 아버지 약주 좋아한다고 맥주를 냉장고 가득 채워 넣고 견과류도 1회용으로 준비해 놓아 일상 풍요로움을 듬뿍 느끼면서 살아가고 있다.

* 2020년 4월 3일 (금) *   최저 2 최고 19 맑음

오늘 습관처럼 아침부터 바쁜 일정이 시작된다. 새벽 4시 반에 일어나 세수하고 아침 식사 끝나면 5시 반이 된다. 농장 출근 복장으로 현관문을 나올 때 정각 6시, 13층에서 엘리베이터로 지하 주차장 차량에 탑승하면 6시 10분. 금남면 대평리 소 반장님 아파트 102동에 6시 25분 도착하면 소 반장님은 1층 아파트 입구에 내려오셔서 차량에 동승해 세종시 전의면 금사리 가마골 블루베리 농장에 7시 도착을 한다. 집에서 나와 농장까지 올 때는 춥다는 체감을 못 하는데 농장에 도착해 차에서 내리면 낮은 체감 온도를 느낄 수 있다.

80살을 훨씬 넘기신 노익장 우리 소 반장님은 프로답게 호미,

따뜻한 보온통물, 장갑 준비하여 작업 현장으로 이동한다. 햇님 (고은심님)은 새참 준비하여 전기 오븐 아니면 밥솥에 넣어 보온으로 세팅해 놓고 별채 주변 환경정리 작업 현장으로 이동한다.

　나는 농장 개장할 때부터 써 내려온 영농일지 간편장부 정리하면서 첫 하루 일정이 시작된다. 친환경 유기농 농장 관리에 있어서 영농일지 기재 사항을 가장 관심 있게 눈여겨보는 부분이다. 이렇게 정신없이 하루가 시작되고 시간과 분초를 나누어 시작된 하루가 오후 5시 45분에 끝남을 알리고 퇴근을 하게 된다. 하루 열 시간을 농장에서 일 한다. 순간순간으로 이어지는 시간들이 하루가 되고 그 하루하루가 1년. 그 세월이 쌓이고 쌓여 80이라는 오랜 세월 속에서 산수(傘壽)를 맞게 되었다.

　* 2020년 4월 6일 (월) *　최저 -1 최고 19 맑음
　우리 큰아들이 자식 노릇 한다면서 우리 부부 마음 편하게 해주겠다고 이틀 밤을 같이 보내고 오늘 대전을 거쳐 일정을 소화하고 서울로 올라간단다. 대전 가기 전에 차로 나를 농장에 출근시켜주고 떠나갔다.
　큰아들 왔다 갈 때마다 떠나가는 뒷모습 떠나보내는 마음이 뭉

클해지는 것은 왜일까? 강승이 떠나갈 때마다 똑같은 여운을 남긴다. 나는 살 만치 살았는데 재미있게 살았는데 잘 살아왔는데 우리 큰아들도 늦팔자 봄꽃 찾아 훨훨 날아다니는 나비처럼 살아 가기를 기도하고 염원한다.

우리 큰아들은 처복이 많다. 결국 처복도 본인 복이다. 우리 큰 며느리는 세상에서 가장 착한 며느리 같다. 착하고 검소하고 근면 하며 속이 깊은 내공이 쌓인 며느리이기에 우리 아들 강승이는 나 보다 더 나은 늦팔자 인생 여정을 살아가리라고 확신한다. 10시 10분 충북대학교 산학협력단 친환경 인증 기관 김홍문 센터장과 직원 두 분이 가마골 블루베리 농장 번지별 품목 실사 점검하러 왔다. 인증필지 5-1번지 마가목 전 면적 식재. 2번지 블루베리 화 분 소비자 판매용으로 전시. 블루베리 부직포 제거(헤어리벳치 청 보리 올보리 파종) 메모지를 남기고 농장을 떠나갔다.

오후 1시 30분 한솔구장에서 세종시 파크골프협회 김영자협회 장, 한솔클럽 이기용회장, 금남클럽 진영은회장, 한뜰 안선호회 장, 이상분회장, 김병구사무국장, 사무차장 이동욱 이사가 모였 다. 코로나19 질병으로 인해 각 구장은 휴장중이다. 현안 문제 김 병구 사무국장 사회로 이슈 토론을 마치고 헤어졌다.

회의 중 우리 햇님(고은심님) 전화였다. 문제가 발생했다는 전화였다. 큰아들 얼굴 염증이 있어서 병원 동행한 어머니와 아들이기에 당황과 긴장된 마음으로 전화를 받았다. 전화 내용은 아들이 아니고 본인 이야기였다. 타박상으로 다리와 발목 피멍이 있어서 치료를 받고 회복 중이던 그 환부가 부어 있었고 핏기가 붉게 지속되고 있어서 의사의 의견을 듣고 싶어 병원을 찾은 것이다.

발목뼈 실금 부분이 발견되었고 실금 부분 간격이 생각보다 심각하다는 의사 소견이란다. 놀라지 않을 수가 없다. 나도 환자도 큰아들도 온 가족 모두가 놀랐다. 이 일을 어떻게 하면 좋을지! 순간 고민이 되었다. 나이 많이 먹은 사람 뼈는 연골인데 수술이 가능할지도 염려되고 겁도 걱정도 많은 고은심님인데 별 별 생각이 다 든다.

제3의 인생 황혼의 인생 3막까지는 잘 참고 순항해 온 것 같다. 인생 4막 인생은 낙상사고 나서 방문 문턱 넘어 병원가면 다시 집으로 돌아오지 못한다는데 별별 걱정이 다 들었다.

하나님의 사랑과 은혜로 의료진도 좋고 가족들 각고의 노력 혼신의 간병이 있기에 빨리 회복되어서 아파트 현관문 열고 우리들의 안식처 집 안으로 돌아오기를 간절히 기도한다.

* 2020년 5월 4일 (월) * 최저 14 최고 28 옅은 구름

파란 하늘과 흰 구름 사이로 옅은 햇빛이 숨었다 나타나곤 하는 변덕스러운 봄날이다. 느티나무 아래 부분 잔가지가 산들산들 흔들린다. 들바람이 들에서 산속으로 내 얼굴 귀밑 피부를 스쳐 산속으로 향하고 있다. 일상 생활하기 참 좋은 5월의 봄이다. 복사기 검은색 토너가 부족하단다. 삼성 컴퓨터 케이에스넷 이종근 대표께서 오전에 가마골 블루베리 농장 출장 방문해서 검정색 토너 교체해 주고 돌아갔다.

가까운 거리도 아닌데 항상 어려울 때 도움을 받는 고마운 분이다. 택배 포장 스티로폼 박스 구입 주문했는데 깜깜소식이 없어 확인 전화를 했다. 영진화학 박명환 대표께서 금주 내로 납품해 주겠다는 약속을 확인받았다. 이 분도 나에겐 고마운 분이시다.

사람 사는 세상, 사람과 사람끼리 만남도 친교도 거래도 연으로 이루어지는 세상의 철칙인 것을! 어느 누구도 나에겐 귀중하고 소

중한 분들이 아닐 수 없다. 영산홍 백철쭉이 만발했는데 잔디밭 잡초가 눈에 거슬려 보였다. 사륜 예초기 전동차로 잔디밭 제초를 깎고 보니 잔디밭도 깔끔하고 영산홍 백철쭉 군락지가 예술 작품처럼 돋보여서 휴대폰 사진기로 인증 샷을 해놓았다. 뿌듯하고 흐뭇하고 감격스러웠다.

＊ 2020년 5월 19일 (화) ＊

최저 11 최고 18 흐리고 비 오전 20~40mm 오후 5~10mm

소 반장의 20년 전 쯤 이야기다. 그때는 반장 노릇을 제대로 할 때다. 여자 인부 20여명 데리고 작업 현장을 누비면서 지혜롭게 통솔하는 지장 덕장 노릇할 때 이야기다. 자기 관리가 엄격한 분이시다. 원칙과 기본 상식을 준수하시는, 일반 사회에서 보기 어려운 참 귀하신 분이다. 이러한 내공이 쌓였기에 작업 현장 일터에서는 국민 훈장감이라는 극찬을 드려도 부족함이 없으시다.

오늘은 흐리고 비가 내린다는 일기예보다. 그래서 소 반장 출근 일정이 잠정 순연 되었다. 오전 오후 비가 꽤나 올 것처럼 했는데 11시 비가 그쳐 양묘장 묘목 그동안 계속 상품으로 빠져 나간 자리 정리 정돈을 했다. 오후에도 10mm 가까이 내린다는 비는 내리지 않고 구름만 살짝 끼어 있어 작업하기엔 안성맞춤이었다. 어제 내린 비로 마가목 나무가 중심을 못 잡고 넘어져 있었다. 지주대를 망치로 박고 지주대 주간을 묶는, 반듯하게 키우기 위한 교정 작업을 했다.

＊2020년 5월 22일 (금) ＊ 최저 13 최고 26 구름 많음

파란 봄 하늘은 보이지 않고 구름 낀 어두운 검은 아침 하늘이다. 일찍 자고 일찍 일어나자. 아침 일어나 보니 5시다. 6시 10분 아파트 현관문을 나와 소 반장님 댁으로 이동 소 반장 픽업해서 가마골 블루베리 농장으로 출근했다. 소 반장님은 호미, 다라 준비해서 2농장으로 잡초 풀매기 하러 올라갔다.

9시 블루베리 단풍으로 짙게 물든 단풍잎 넣고 끓인 잎차 파리 바게트 식빵 전자레인지에 먹기 좋게 데워 준비해서 올라갔다. 계절의 여왕 5월도 끝자락이 보인다. 일하기엔 아주 좋은 계절이다.

"소 반장님 춥지도 덥지도 않네요. 좋은 세상 좋은 계절 건강식 빵을 블루베리 잎차와 먹는 맛이 최고입니다. 오래오래 사세요."

블루베리 나무 그늘 밑에서 간식 빵 블루베리 잎차 마시는 기분

시원하고 상큼한 아침 공기를 마시며 도란도란 몇 마디 이야기 나누는 휴식 시간이 마냥 즐겁기만 했다. 산속 숲속 블루베리 농장에서 혼자 일하는 게 두려움이 있는 것 같아 내가 2농장 주변에 있기를 원하고 있다.

시골 농촌 농경지에 고라니, 멧돼지 야수 피해는 어쩌면 우리들 경작자들에게 공적이 되고 있다. 블루베리 농장도 예외는 아닌 듯싶다. 어디로 어느 구멍으로 들어오는지 고라니가 침입해서 지상부 가지부에서 새로 올라오는 야들야들한 신초를 뜯어먹어 그 피해를 해결하고자 2농장 울타리 기둥과 망 보강 작업을 완벽하게 해야 한다. 오늘은 2농장에서 같이 있을 거예요. 블루베리 꽃이 떨어지고 청 블루베리 열매가 제법 모양을 갖추고 있다. 사랑스럽다. 아니 황홀하다.

소 반장님도 어쩜 블루베리 나무와 열매가 이렇게 소담스럽고 예쁘다며 사랑스럽다는 예찬을 연발하셨다. 내 눈에도 그렇게 보입니다. 우리 농장 블루베리는 소 반장님의 사랑과 교감 감성 속에서 자라 났기에 소 반장님 앞에 단장을 하고 나타났나 봅니다. 소 반장님 고맙습니다. 다음 주에는 가족끼리 여행을 다녀 올 계획이 있나 봅니다.

- 6월의 완숙된 블루베리 열매 -

다다음주 월요일 날 오시겠다는 약속을 하더군요. 가족끼리 약속인데 자연스럽게 이야기하면 나도 편하게 다녀오세요 할 텐데 옛날 문화에 젖은 노인 세대라서 복잡하게 말을 빙빙 돌려 하시기에 "네 알았습니다."

내가 용돈이라도 드리고 싶었는데 차에서 내려 손이 지갑까지 가려는 순간 그냥 도망가는 분이시기에 집으로 들어가시는 뒤 모습만 보고 다음 주 월요일 날 만남을 약속하고 헤어졌다.

우리 고명 딸 은주가 3시에 엄마 모시고 간식 준비해서 농장 방문했다. 농장 오고 싶어 하는 어머니를 위해서 딸 노릇한다고 시간을 할애한 것 같다. 주말농장 현장에 필요하다고 유박 2포 상토 1포 승용차에 상차해 출고 했다.

* 2020년 6월 3일 (수)*
최저 19 최고 29 흐리고 안개 실 가랑비 오후 맑음

창 밖 앞산이 안개로 덮여있다. 은심님과 함께 출근길에 올랐다. 하늘엔 시커먼 구름이 덮여 있고 상행선 출근길 편도 2차선 도로 위에는 출근 차량이 도로를 가득 매웠다. 금사리 출구로 나와 오른쪽으로 우회전하여 지방도로 진입하면서 도로 위에 비가 내렸고 실 가랑비가 내리고 있었다. 희미한 안개 낀 시야가 침침해 보였다. 어젯밤 전의면 멧돼지 야상동물 포획 포수로부터 전화를 받았다.

오늘 밤 포수 조를 짜서 가마골 블루베리 농장 주변 산에서 사냥개를 동원해서 포획 계획을 세웠다고, "멧돼지를 잡게 되면 사

진 찍어 보내 드리겠습니다" 라는 전화를 받고 아침 출근하면서 기대를 했는데 연락이 없었다. 멧돼지 잡았다는 연락은 못 받아도 마음만은 흐뭇했다. 농민의 고충을 해결해 주려는 국가라는 지원 기관이 있다는 사실에 감사할 뿐이다. 멧돼지가 농장에 한 번 나타나면 농장 작물 뿌리 근처를 비롯해서 주변 산 전체를 뒤집고 간 흔적을 보면 가슴이 무너진다. 야생 동물은 사람이 심어 놓은 작물에 접근한다. 사람이 먹는 작물은 야생 동물이 안심하고 먹을 수 있다는 지적 판단을 하고 있는 것 같다. 하루 종일 농장에서 작업을 하고 지나간 발길을 따라 산 짐승은 사람이 움직인 동선을 따라 이동했음을 볼 수 있다.

작물이건 묘목이건 심을 때 유박을 땅 속 뿌리 부위에 넣고 식재를 한다. 유박은 냄새기가 있는 영양제다. 멧돼지는 후각이 매우 발달한 예민한 동물이다. 그 냄새 때문에 작물 심은 뿌리 부위를 주둥이로 찍어 보고 파헤치고 피해를 주는 야생 조수들이다. 시간대는 초저녁에 내려와 활동을 하다가 12시 전후에는 잠자리를 찾아 산속으로 이동 한단다. 고라니는 작물 신초 부위 연하게 올라오는 새순을 뜯어먹는 야생 동물이고 멧돼지는 지하 땅속에 있는 동물 지렁이 뱀 두더지 개구리와 칡뿌리를 식용으로 그 육중한 몸매를 유지하려고 땅을 파헤치는 것을 보면 주둥이 부분이 포

크레인 장비에 버금가는 힘과 에너지를 갖고 있는 것처럼 보인다.

멧돼지는 산속 청소부라고도 칭한다. 포획 포수들의 이야기다. 시청 환경 정책과 면 주민 센터에서도 경작자 농민을 위해 농촌 행정을 담당하는 공직자님들께 감사를 드린다. 뿌듯하다. 고맙다. 어젯밤 멧돼지가 내려왔다간 흔적이 있다. 물탱크 저수지 뒤편 라일락꽃 나무 밑으로 칡넝쿨 있던 언덕이 깊게 파헤쳐져 있다. 어젯밤 사진 찍어 보내준다는 포수에게 전화를 했다. 우리 농장에 멧돼지 출몰 상황을 알렸다. 나는 절호의 기회라고 생각했는데 주위 다른 곳에서 고라니만 5마리 잡았다는 이야기다.

오늘 저녁 8시 전후해서 농장으로 오겠다는 약속을 했다. 블루베리 생과 열매 착색하기 전에 오늘 친환경 병충 해충 기피제 응칠이 살포했다. 5시 30분 싱싱장터 아름 도담 매장 블루베리 묘목 출하하고 집에서 저녁 식사 끝내고 급한 마음으로 농장으로 이동했다. 멧돼지 포획 팀과 약속 때문이다. 어젯밤 출몰했던 멧돼지 오늘 밤에도 내려올 것만 같은 예감이다. 비장한 각오를 해 본다.

멧돼지를 잡으면 사냥꾼들과 잔치를 벌이고 싶은 심정이다. 퇴

- 가마골 블루베리 농장 전경 -

- 블루베리 생과 -

근해서 쉴 시간 여유도 없이 다시 농장으로 턴해서 돌아왔다. 8시 30분 포획됨. 두 사람은 사냥 견 4마리를 데리고 양묘장 옆 공간에 주차한 뒤에 어젯밤에 멧돼지가 내려와서 파헤쳐 놓은 저수지 뒤편 라일락꽃 나무 밑 깊게 푹 파 놓은 곳으로 안내했다. 멧돼지 발자국 움직임 동향을 파악 제법 큰 돼지와 작은 돼지 움직임 동향을 파악한 것 같다. 다시 주차되어 있는 곳으로 이동했다. 독방에 각각 갇혀있는 잘 훈련된 사냥견 4마리를 방견했다. 방범등 불빛 밑에서 4마리 사냥견은 날씬한 몸매 꼬리를 하늘 쪽으로 동그라미를 그려 올려 그 풍채와 자세가 자신만만한 기세가 등등하면서도 사람 앞에서는 겸손의 자세가 명견임을 부인할 수 없다.

농장 뒷산은 가끔 유산소를 마시며 흙과 자연 울창한 솔숲 밑을 등반하는 곳이다.

우리 농장 뒷산 능선 너머에는 양계 농장이 있고 능선에서 북서쪽으로 하향하면 금사리 마을 쪽으로 이어진다. 6월은 초여름이다. 녹음이 방초한 계절이다. 낮에도 산에 오르면 시야가 가려 앞을 보기 어려운 계절이다. 전의면 읍내리에서 온 명포수는 이렇게 말했다. 멧돼지는 개가 잡는다는 이야기다. 멧돼지도 후각이 발달

했지만 명견은 멧돼지 냄새 후각이 첨예하게 뛰어나서 칠흑 같은 야밤 험준한 산세 녹음이 울창한 환경 여건도 잘 훈련된 명견에게는 악재가 될 수 없는 여건인 것 같다.

명포수와 명견이 산속으로 입산한 지 채 10분도 지나지 않았다. 고요한 야밤 명견들 짖는 소리가 정막을 깨뜨리는 소리였다. 내 옆에 같이 기다리고 있는 동행 포수에게 무전이 타전되었다. 멧돼지를 만났다고. 능선 너머에는 양계장이 있고 양계장 너머에는 롯데 캐슬 리조트 골프장 필드가 연결되어 있다. 명포수 손에는 명견 4마리 위치 멧돼지 위치가 손바닥 손금처럼 그려져 있었다. 돼지와 개가 450m 떨어져 있다는 무전이 왔다. 험한 야간 산속 사람이 이동하는 거리는 만만치 않은 거리다. 골프장 쪽이 아니고 금사리 쪽이라는 무전을 받았다.

농장에서 대기하고 있던 우리 두 사람은 금사리쪽으로 차로 이동했다. 금사리 동네 입구 비닐 모아 놓은 집하장 부근에 도착하니 명견 짖는 소리가 요란하였다. 큰길가 양계장 진입로 부근 하천 건너에서 4마리의 명견 포위망 속에서 명견 때문에 사격하기가 어렵다는 연락이 왔다. 잠시 후 총소리가 들렸다. 또 들렸고 재차 들렸다. 세 발의 사냥총 소리로 멧돼지 숨이 끊긴 것 같다. 포획 거사 계획이 완료되었다. 숨이 끊긴 물속에 잠겨있는 멧돼지를 사냥 견이 잠수를 해서 물가로 올렸다는 명포수의 이야기를 듣고 또 한 번 놀라움을 느꼈다.

입에 노끈을 묶어 차량 뒤에 동여매고 도로위로 올려 놓았다. 시청 환경 정책과에 보고해야 한다고 인증 샷을 했다. 나도 하고 싶은데 한 카트 찍어 놓으시죠 라는 권면의 말 떨어지기도 전에 핸드폰을 열었다. 크기를 표시할 수 있는 것 뭐 없을까요. 했더니 삽을 위에 올려 놓았다. 삽 길이는 1m 20cm이니까 주둥이에서 꼬리까지 약 2m 정도는 되는 중상에 속하는 크기이고 나이는 3살 정도 무게는 90kg 정도 수종은 암컷 멧돼지 이렇게 해서 오늘의 거사 계획을 성공리에 마감을 했다. 명포수는 죽은 멧돼지를 매장하고 사진 촬영해서 시청에 보고해야 한다고 현장을 떠났다. 나는 저녁이라도 맛있는 것 같이하려고 했는데 시간도 여건도 안 맞아 다음 기회에 잊지 않고 자리 한 번 만들겠다고 약속만 남기고 헤어졌다. 세상은 살기 마련이라는 말을 실감했다.

고민거리 있어도 그 고민이 해결 되어지는 좋은 세상인 듯싶다.

꿈에도 멧돼지를 잡겠다는 생각도 할 수 없는 일인데 이렇게 꿈같은 일이 현실이 될 줄이야! 좋은 세상, 좋은 문명, 좋은 생활 속 이로운 기기가 오늘 같은 즐겁고 행복한 날을 만들어 주고 있나 보다.

* 2020년 6월 11일 (목) * 최저 21 최고 30 비 흐림 10~40mm 맑음

6시 20분 소 반장님 픽업해서 7시 농장 출근 소 반장님 2번지 맨 위 드래프트 블루베리 농장으로 이동 잡초 풀매기를 했다. 어제 블루베리 생과 수확 포장해서 아름매장 500g 5팩 도담매장 500g 6팩 묘목 출하하고 농장으로 돌아왔다. 어제 제 1회 파크골프 새롬 클럽 회장배 행사장에서 부드럽고 보들보들한 절편 떡 1팩을 받아 왔다.

소 반장님 오전 새참으로 좋아하실 것 같아 전자레인지에 살짝 데웠더니 아주 부드럽고 먹기 좋아 시원한 냉수에 황설탕까지 준비했다. 같이 마주 앉아 맛있게 드시는 것을 보면 나도 함께 같이 미각을 느낄 수 있다. 9시 30분 예초기 한 판 돌리자. 연료 휘발유 예초기 연료통에 채우고 마스크 보안경 착용하고 2번지 맨 위 드

래프트 포장 소 반장님 작업 현장 울타리 밑 안과 밖 풀 깎기 하고 11시에 몽골텐트 수도 옆으로 내려왔다. 미뤄왔던 냉동창고 안에 있는 노랑 상자 세척을 하기 위해 상자를 밖으로 내 놓는 작업을 했다.

"아버지 수고하시네요." 우리 큰아들 이상무 목소리가 들려왔다. 내일 대전에서 일이 있어 하루 당겨 내려와 아버지 일 좀 도와주겠단다. 처음 하는 일인데 수도 근처 느티나무 그늘 밑에서 노랑 상자 세척하는 작업이다. 아들도 이제 나이가 60이 목전에 와 있다.

대기업에서 상무 직함으로 금년 초에 직장을 떠났다. 지금은 휴식년을 보내고 있다. 오늘 하는 일은 상자세척하는 일이다. 내공이 쌓여 말끔하게 씻고 닦고 건조해서 냉동 창고에 정리해 놓았다. 생각대로 잘했다.

엄마는 달래 밭 그늘 진 곳을 찾아 잡초 풀매기 작업을 했다. 3시 30분 오후 새참 시간이 지났다. 간단한 음료수 2팩 준비해 소 반장님 일하고 계시는 곳으로 올라갔다. 오후 산그늘 있는 곳 찾아 잠시 쉬는 시간을 갖게 된다. 소 반장님 내일 쉬고 모레 토요일 출근 하기로 했는데 토요일 많은 비가 내린다는 예보입니다.

5시 45분 세척 건조가 끝난 노랑상자 냉동 창고에 열 개씩 오와 열을 맞추어 쌓아 놓았다. 우리 큰아들 농장 일 도와주고 저녁까지 대접한다니 아들에게 고마움을 느낀다. 소 반장님도 같이 모시기로 했다. 고복 저수지 산장가든 맛집으로 정했다. 원조갈비 4인분을 주문했다. 야채 위주로 정갈하게 차려진 식단이 식감을 돋우어주었다.

- 둘째 아들 강호부부와 (거제도 관광지에서) -

* 2020년 6월 12일 (금) * 최저 19 최고 29 흐림

어제 하루 종일 소 반장님 잡초 풀매기 작업 마치고 퇴근 하셨는데 내 마음 편치가 않다. 건강이 그전 같지가 않아 보인다. 마음

이 여리게 아프다. 꼭 건강하셔야 할 텐데 말이다.

소 반장님! 저하고 끝날 때 같이 끝맺음 할 수 있도록 말입니다. 내가 소 반장님을 얼마나 의지하고 믿고 있는지 모르시죠. 나는 소 반장님 안 계시면 못 살 것 같은 심정입니다. 내가 살아오는 동안 30여년 제 옆을 버팀목으로 지켜주신 소 반장님 오늘도 어느 집 작업 농가에서 일을 하고 계시는지요? 오직 하는 일에만 몰입하시는 소 반장님 오늘도 건강 잘 보전하시기를 손 모아 빕니다.

* 2020년 9월 23일 (수)* 최저 12 최고 23 구름

오늘 아침 12도 금년 아침 최저 온도다. 어제가 추분이다. 밤과 낮이 같은 이등분한 날이다. 나는 블루베리 영농을 시작하면서부터 영농일기를 쓰기 시작했다. 일기를 쓰면서 자연의 오묘함, 4계절 24절기의 오묘함을 느낀다. 9월이 되고 가을 계절을 맞으면 최저 온도에 민감하다. 오늘 아침 최저 온도가 12도 제일 낮은 온도이고 어제가 24절기 중 추분이라는 절기가 끼어 있는 날이다.

3월 중순에는 춘분이 끼어 있다. 춘분부터는 기온이 올라가서 낮 최고 온도에 민감한 관심으로 영농일지를 쓰고 있다. 하얀 집 잔디밭과 냉동창고 잔디밭 사이로 수로변 경사면에 코스모스가

만발했다. 코스모스 꽃 3색 3합 색상 조화로 가을 바람에 휘날리는 자태가 고귀해 보인다.

살랑거리는 가을바람에 흰색 진보라 분홍 3색 조합은 가을꽃 중의 꽃이다. 60대 중반부터 시작한 영농인생 70대 후반 끝을 맞고 있다. 내가 좋아서 시작한 농사일이 지금 현재도 일에 취하고 싶고 일에 몰입 할 때가 행복하다.

이런 내가 좋다. 나는 나처럼 사는 게 좋다. 내가 할 수 있는 일이 있어서 좋고 일을 하므로 매일 행복함을 즐길 수 있어서 좋다.
오늘은 2농장 예초기 작업을 끝으로 블루베리 농장 잡초 풀매는 작업 마무리 끝나는 날이다. 블루베리 나무 높이는 내 키와 비슷하다. 나무와 나무 사이 잡초와 풀을 밀고 다음 골로 들어가는 초입에 꼭 거미줄이 쳐져있고 골 끝나는 곳에도 거미줄이 쳐져있는 것을 보게 되었다. 이 또한 오묘한 이치인 듯싶다.

거미줄에 걸리는 날아다니는 미물 날파리도 골 입구와 출구에 거미줄이 쳐져 있는 것이 오묘한 이치인듯 싶다. 오전 은심씨 양묘장 깨끗하게 정리해 놓고 오후에는 여유와 한가함을 보여준다. 농장에 모아둔 빈병, 금사리 마을 앞 공병 수집 통에 버리는 일도 잊지 말아야 한다. 양묘장 손질해 놓은 묘목 20분간 지하수 물탱크에 저장된 물로 관수를 하였다. 수분 공급으로 관수해서 공급받은 블루베리 묘목은 춤을 추는 듯 기뻐하는 모습 볼 수 있다.

고마워요. 감사해요. 인삿말을 전해받는 것 같다.

2020년 9월 27일 (일) * 최저 12 최고 23 맑음
가을의 정취가 배인 하루 단상

코로나19 질병 때문에 비대면 거리두기, 모임자제, 이동제한 등으로 추석 한가위에 고향 방문 선영 참배도 어려울 것 같아 오늘 휴일을 이용해서 무주군 설천면 대불리 외북동 후산에 있는 선영 산소를 참배하기로 하였다. 서울 큰아들도 아침 일찍 출발하여 내려오고 있다. 수원에서 둘째와 합류, 세종에서 우리 내외를 픽업하고 무주 터미널에서 주효(조카)를 태워 외북동 뒷동산 선영 산소로 올라갔다. 예초기 톱 갈고리 전지가위를 각자 준비해서 산소 주위를 깨끗하게 정리정돈하고 내려오니 마음이 한결 가벼웠다.

덕유산 국립공원을 가을 나들이 코스로 결정했다. 설천봉을 오르내리는 곤도라에 우리 일행 5명 몸을 실었다. 쾌청한 하늘 아래 깊어만 가는 가을 정취 속에서 가파른 경사를 지나 설천봉으로 올라갔다. 덕유산 주봉인 향적봉을 향해 행군을 계속했다. 해발 1.614 m 향적봉 정상에 오르니 평소에 느끼지 못했던 감회가 밀려왔다. 멀리 보이는 산봉우리가 병풍처럼 펼쳐지고 숲은 계절을 거역하지 않고 오색 단풍으로 변하고 있었다.

내 눈 아래 삼라만상이 펼쳐져 있다. 주목 군락지가 눈 앞에 보인다. 살아 천년 죽어 천년이란 꼬리표 말을 달고 다니는 고산지대에서 서식하는 거목, 죽은 주목나무가 우람한 자태를 보여주고 있다. 조각가의 작품을 뛰어넘는 자연의 위대한 걸작이다. 살아있는 주목나무 거목 군락지 또한 우리의 시선을 유인한다. 덕유산은 그 산이 지나온 오랜 세월뿐이 아니라 앞으로 다가올 시간까지 세인들에게 남겨주어야 할 자연이 선물한 귀한 유산이다.

맑고 하얀 뭉게구름이 내 눈높이에서 띠를 두른 듯 파란 하늘과 조화를 이루고 있다. 벼이삭이 익어가는 황금 벌판이 가을 수확기의 풍요로움을 만끽해 주고 있다. 오늘 하루도 멀어져 간다. 설천봉으로 내려왔다. 만산의 녹음을 한 눈에 넣고 피부로 스쳐 지나가는 귀한 고랭지 가을 바람이 나와 우리 일행에게 행운의 열쇠를 전해주는 듯하다. 해물 파전과 막걸리 한 잔에 취해보기도 했다.

4시 30분에 곤도라 운행이 종료된다. 설천봉을 뒤로하고 하산했다.

　주효 조카 집이 영동이다. 무주에서 학산을 지나 영동으로 가는 4차선 도로를 오랜만에 탔다. 도로변의 코스모스 꽃길이 가을 나들이객들을 반겨준다. 주효가 소 갈비탕 식당으로 안내를 했다. 질부도 나와서 자리를 같이했다. 주효가 외삼촌이 같이 간다고 연락한 것 같다. 갈비탕 식당앞에서 서로 눈이 마주쳤다. "외삼촌" 하면서 반갑게 맞이해 준다. 갈비탕 맛도 일품이었다. 조카 두 내외가 참 열심히 살았는데 그 대가로 생활에 여유로움이 있어 흐뭇했다. 열심히 사는 조카 내외는 언제봐도 기특하다. 영동읍 본정통으로 통하는 중심로에 아담한 2층 건물 1동을 소유하고 있다. 아래층 1층은 세를 놓고 2층은 주택으로 스위트홈을 누리고 살아가고 있다.

　사랑하는 사람들끼리 만난 하루, 헤어져야 하는 아쉬움은 남지만 서로 다시 만나기로 다짐하는 감사한 시간이었다. 화기애애한 시간을 뒤로하고 다음을 기약하는 설렘도 오늘 무주에서 얻어온 선물이다. 가을의 정취만큼이나 아름답고 꽉찬 하루였다.

* 2020년 10월 6일 (화) * 최저 6 최고 20 맑음

깊은 잠 숙면하고 일어나면 몸과 마음이 가벼움을 느낀다. 금년 가을 10월 제일 낮은 아침 기온 6도이다. 아침 공기 환기 시키려고 창문을 열었다. 상큼한 아침 공기는 늘 하루 시작하는 일상을 새롭게 알려준다. 고맙고 감사하네요. 어제 대전사는 딸이 다녀갔다네요. 무, 배추,상추, 고구마, 푸성귀를 한 바구니 놓고 갔다고 우리 마님 농사 잘 지었다고 칭찬이 자자하다. 텃밭 가꾸기 땅에서 농사지어 얻은 소득이다.

우리 마님 그때 그 시절 서구 용문동에서 용문기원 할 때다. 바둑 좋아하는 동호인들은 지성인들이 많은 편이다. 바둑 두는데 몰입이 되어 시간 가는 줄 모르고 한 판 또 한 판으로 판세가 이어진다. 대전 시내 바둑 애호가들 저명인사들이 모이는 곳이다. 공석이 없이 언제나 만석이다.

그때 그 시절 우리 마님 본인이 하고 싶어서 선택한 일이다. 하지만 옆에서 볼 때 두 가지 심각한 문제를 느낄 수 있었다. 너무 늦게 끝난다. 한 판만 더 두고 싶어서 바둑 매니아들로부터 간청을 하면 밤 12시를 넘기는 경우가 비일비재하다. 사정에 못 이겨

새벽에 퇴근하는 경우도 있다.

두 번째 문제는 바둑 매니아들은 대부분 애연가들이다. 줄 담배를 피우는 애연가들이다. 우리 마님은 담배 연기도 못 맡는 여류기사 아마 5단이다. 운정(김종필 총리)배 바둑대회때는 경기 시작할 때 명인전 김종필 총재님과 대진을 하고 윤길중 국회 부의장도 바둑 애호가이시다.

대전에 오면 용문기원을 꼭 찾아 한 수 놓고 가시는 분이시다. 오덕균 총장님도 권선우 의원님도 자주 찾던 바둑명가, 용문기원이다.

* 2020년 10월 31일 (토) * 최저 최고 맑음

11월 3일 결혼기념일이다.

57주년 기념일이다. 아득한 옛날이야기처럼 들린다. 대전 은행동 동원예식장에서 양가 가족 하객을 증인으로 모시고 임주혁 치과병원 원장님 주례로 백년가약 성혼 선언문 낭독으로 고은심 여사와 같은 인생길을 걷게 되었다.

결혼 적령기도 아닌데 부모님이 연로하셔서 조혼을 하게 되었

다. 결혼이 무엇인지도 모르고 만나 나는 새신랑 신분으로 군에 입대했다. 군 복무 빨리 마치고 돌아오는게 내 인생 로드맵 중 해결해야 할 첫 과제이기 때문이었다. 논산 훈련소 29연대 훈련병 시절 새색시가 면회 왔을 때 나는 몹시 당황을 했다.

사랑이라는 감성보다는 남편으로서 역할, 노 시부모와의 첫 시집살이 일상 등등이 내 머릿속을 복잡하게 만들어 놓았다. 여자의 일생 중 결혼 3년 차 까지가 가장 어렵고 감내하기 어려운 시기라고 본다. 낯설고 물설고 모두가 새롭게 시작하는 문화다. 남편도 없는 시가에서 첫 직장을 잡은 게 천만다행이다.

시골 면사무소 산아제한 요원으로 일자리를 얻게 되었다.

"둘만 낳아 잘 기르자"

풋내기 처녀가 대학 졸업하고 바로 결혼했으니 살림살이는 가히 짐작할 만하다. 나도 아버님 어머님도 무척 좋아 하셨다. 23살 앳된 어린 나이에 관내 출장을 나가 법정리, 자연부락 리장 반장 동행해서 산아제한 캠페인 활동했던 과거사가 주마등처럼 스쳐 지나간다.

고은심 여사는 성격이 올곧고 똑 부러지는 성격이어서 조심스럽고 아슬아슬한 삶의 순간들이 많이 있었다. 2023년 11월 3일 결혼 60주년 회혼례를 맞게 된다. 감회가 새롭다.

살아온 시간보다 살아갈 시간이 짧기 때문이다. 서로가 사는 날까지 본인 관리 잘해서 미소 지으며 떠나는 모습 우리 슬하 3남매 가족에게 보여주고 싶다. 희망 사항이다. 시월 마지막 날이다. 마지막 시월의 밤이 지나가나 보다. 가을 산 낙엽이 쌓여간다. 한적한 가을 낙엽 쌓인 산 밟아 보고 싶다. 가까운 동산도 좋고 험산도 좋다. 새빨간 열매로 단장한 망개 넝쿨도 보고 싶다. 소중한 시간 아껴 쓰고 멋지게 살고 싶고 신나게 살고 싶고 아름답게 살다 가리라.

＊2020년 12월 2일 (수) ＊ 최저 -2 최고 7 흐림

어제 조치원 오봉구장을 다녀왔다. 개장한 지 1년 이상 되었는데 초행길이었다. 조치원여중 근교에 있다기에 조치원여중 네비 세팅을 하고 가마골 블루베리 농장에서 출발했다. 농장에서 조치원 가는 길은 남쪽으로 고개를 넘어가는 길이다. 그 고개는 전의면 다방리와 고개를 넘어서면 연서면 쌍류리 경계가 되는 지점이다.

고개를 넘어 쌍류리 삼거리에서 좌회전을 해서 계속 진행을 하

면 고복 저수지 상류가 나온다. 용암리다. 용이 나왔다는 굴이 있다고 전설처럼 내려오는데 풍문으로 듣기만 했다. 고복 저수지 남쪽 수변 길은 예쁘고 아름다운 길이다. 낭만이 있는 길이다. 저수지 두레길 수면 위로 데크길이 동산 옆으로 이어지는 길 걷고 싶은 길이 연결되어 있다. 조치원 왕래할 때 나는 이 길을 이용한다.

수변 길 중간쯤에 커피숍이 있다. 잔잔한 물을 가득 담수하고 있는 고복 저수지 주위로 먹거리 맛집. 커피집들이 군데군데 모여 있어 세종시민 휴식 공간으로 이용되고 있는 곳이기도 하다. 용암리 고복리 양 2개리에 걸쳐 자리 잡고 있는 저수지다. 조치원 여중 앞에 도착했다. 여중 주변에는 파크골프장이 보이지 않았다. 한참 주위를 헤매다 찾았다. 찾고 보니 조천변 고수부지에 있었다. 입구를 찾지 못해 헤맸다. 옆에는 그라운드 골프장이 보였다. 낯익은 곳이다. 그라운드 골프 칠 때 옆 구장을 이용했던 곳이다.

대전에서 2007년에 조치원으로 이사를 했고. 2016년 한솔동으로 옮겨 정착하게 되었다. 대전을 떠나온 지 10년이 훌쩍 넘었다. 조치원 거주할 때 한문수 읍장 현역 시절이었다. 현재 오봉클럽 사무장님이시다. 발품 팔다 보면 반가운 인연을 만나게 된다. 장영 대한 노인회 세종시 지회장도 만나 인사를 나누게 되었다. 운동을 마치고 신흥동 굴밥집으로 이동했다. 공복영 회장. 김영자 회장 내외분. 김병구 사무국장. 저녁 식사 자리가 좋은 덕담 자리로 이루어졌다. 세종시 파크골프 협회 현안 문제 등도 거론하면서 담론을 마치고 다시 고복 저수지 쌍류리 고개를 넘어 가마골 블루베리 농장으로 돌아왔다.

- 가장 행복한 때, 블루베리 전정작업 -

우리 여기서 자연과 벗하여
훨훨 털고 흘러가는 구름처럼, 스쳐가는 바람처럼
남은여생 동행하고 싶지 않은가

우리 아이들,
양보 배려 대신에 사랑이라는 이름으로

자녀는 사랑이라는 말 외에 다른 말로 칭할 수 없다. 어떠한 경우라도 형제들끼리 화합하면서 살라고 한다. 양보나 배려라는 말보다 사랑이라는 표현이 적절하다.

- 작은 손자 현재와 나, 영국에서 -

* 나와 고은심여사의 결실, 우리 2남 1녀

첫째 이강승 상무

책을 좋아하는 신사다. 한국타이어 회사 다니며 영어를 열심히 하더라. 엄마를 닮아 학구열도 많고 영어도 잘한다. 유럽에 주재 원으로 나가있고 큰 아들 답다.

둘째 이강호

한화생명 지역단장, 같이 일하는 분들이 우리 블루베리 매니아들이 많았는데 내가 라보 탑차 타고 가면 다들 놀라곤 했다. 단장님 아버님 멋쟁이라는 소리를 들을 때 내심 기분이 좋았던 것은 부인하지 않겠다.

고명딸, 이은주

미술을 전공한 우리딸은 대전에 살고 있어 든든하고 파크골프 파트너이기도 하다.

아이들이 인성 좋고 무탈하게 살고 있어서 자식농사도 평균 작 이상은 했다고 자부한다. 다 아내덕분이다.

- 큰 손자 경재, 영국에서 -

주는 마음, 보살피는 손길이 자식과 다를 바 없는 가마골의 열매들

가마골 블루베리 농장

꽃 눈 3개가 생성 되었어요. 꽃 눈 1개가 한 송이 열매로 올망졸 망 매달린다.

새해 6월이 기다려진다. 영하 -8도의 매서운 날씨에 블루베리 나무 귀티 나는 체리 색 붉은 건강한 가지에 꽃눈이 3개 매달려 혹독한 추위도 아랑곳 하지 않고 깊은 겨울 잠 동면에 들었다.

내년 4월 종 모형 하얀 순 백색 꽃이 피고 잎눈이 튀어 나온다. 나비도 벌도 모여든다. 잎이 피고 꽃이 떨어지면 청 블루베리 새 생명 열매가 생성하게 된다. 6월 초에 청 블루베리는 예쁜 화장을 한 듯 블루칼라로 착색이 시작된다. 6월 15일경부터 첫 수확이 시 작되면 곱게 단장한 탐스러운 블루베리 열매는 각기 블루베리 매 니아들을 찾아 정들었던 농장을 떠나간다.

* 2022년 1월 23일 *

큰아들이 서울 판교에서 출발했다고 소식을 알려 왔다. 구정 설 명절 귀성길이다. 금년 우리 큰 아들 가족 구정 설 명절 합류로 오 랜만에 상봉하는 날이다. 나도 제 엄마도 큰 아들 내외 가족도 너 무 좋은 기쁨의 만남이다. 유럽 땅 영국 독일에서 대기업 주재원 임원으로 근무하다가 금년 연초에 입국을 했다. 작은 아들은 내일 내려온다고. 금년 설날은 새로운 설 명절이 될 것 같아 기분이 들 뜰 정도로 설렌다. 참 좋다.

나도 좋은데 가족들도 기뻐하는 모습이 역력하다. 우리 가족은 다들 열심히 살아가는 가족들이다. 공동체 조직 구성원으로서 잘 해 나가는 것처럼 보인다. 아들 역할 며느리 역할도 형제간 동서 간도 잘하는 것 같다. 형만한 동생 없다고 작은 아들은 제 형한테 깍듯이 예를 갖추고 형은 동생에게 사랑과 포용으로 보살펴 준다. 형제의 모습을 볼 때마다 애비 마음은 항상 정월 초하루처럼 흐뭇 하다.

우리 집 사람 고은심님이 가족들에게 자주 쓰는 말이 있다. "만 사형통" 가족들 손자 손녀들까지 말미에 만사형통이란 단어가 꼭 따라다닌다.

기쁨을 감출 수 없는 날이다. 2농장으로 블루베리 전정 작업하러 올라가는 길이다. 나만의 미소를 짓고 콧노래 부르며 전정작업 현장으로 올라간다. 농장은 남향 양지바른 곳이다. 블루베리 나무와 대화를 나누는 중이다. 전정 작업에 몰입하고 있었다. 반가운 소리가 들려왔다. 큰아들 목소리다.

"아버지 저 왔어요." 옆에 며느리도 같이 내려왔다.

"아버님 안 추우세요?"

"양지바른 곳 태양 볕 햇살이 좋아서 괜찮다."

큰아들 내외 나이도 50대 중반이다. 세상사 인간사 보일 나이들이다. 의젓하고 믿음직스러워 보인다. 부모와 자식 사이에는 믿음과 신뢰 사랑 연민등 갖가지 감정들이 존재하나 보다. 맑은 태양은 중천에 와 있다. 12시 30분이다.

작업 마무리 할 시간이다. 하던 일 끝내고 연장 챙겨서 울타리 내리고 아들 며느리 앞세우고 하얀 집 백류정사로 내려왔다. 내려오면서 혼자 이런 생각을 해 보았다.

아들! 우리 여기서 자연과 벗하여 훨훨 털고 흘러가는 구름처럼 스쳐가는 바람처럼 남은여생 동행하고 싶지 않은가! 라고.

- '이런 내가 참 좋다' 책에 수록된 70세 내 사진 -

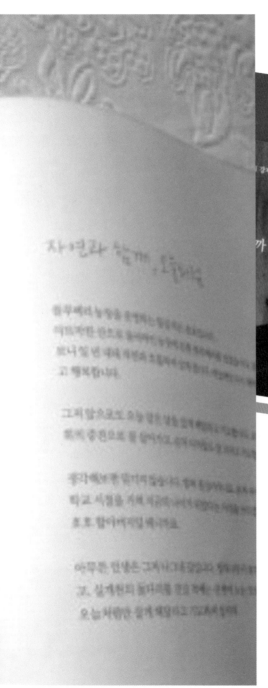

한겨레신문사 발간
각 세대별 1인대표를 실었는데
70대 대표로 선정되었다.

<70대의 나, 세대의 중심으로
인정받다. 인생 2막의 장을
건강하게 펼치고 있던 눈부셨
던 날. 지금의 하루하루도 그
날처럼 소중하고 치열하게 맞
고 있다>

150mm 폭설 : 블루베리 작목에겐 목화솜 같은
가볍고 따스한 아기 솜 이불같아요!

- 자연의 섭리에서도 아름다움을 찾던 아내 -

1. 가마골 블루베리 농장 팜 파티 행사 / 2. 딸 은주네 가족 / 3. 작은 아들 강호 부부
4. 큰 아들 강승 가족 / 5. 고은심님과 큰 아들 강승

1. 나와 강승이 가족
2. 50대 우리 부부
3. 딸 은주, 외손녀 현정, 현아, 우리 부부
4.경재, 현재 영국 골프장에서
5. 나와 큰 아들 강승, 큰 손자 경재, 작은 손자 현재 - 영국 호숫가에서

2024년 1월 22일 (월) 최저 -8도, 최고 -4도

고은심님이 더 보고 싶은 날

참 재미있고 멋지고 아름답게 살고 싶었는데. 내가 살고 있는 아파트 창밖 뷰는 정취가 수려해서 앞산을 바라볼 때마다 마음이 설렌다. 창밖에는 흰 눈이 내린다. 오늘 내일 많은 눈이 내리고 기온이 급강하하여 한파가 온다고 빙판길 운전 조심 대중교통 이용하라는 긴급 문자 메시지가 휴대폰으로 수신되고 있다.

그님, 고은심님 소천하신 지가 7개월 20일 째 되는 날이다. 반년이 넘게 지나고 보니 나 혼자 삼시 세끼 해결하는 주방 생활에 근접할 수 있어서 다행스럽기만 하다. 처음 초행길 당신을 떠나보내고 억장이 무너지고 캄캄한 암흑 같은 세상 어떻게 살아갈까 두려움 뿐이었는데 산 사람은 살게 된다는 평범한 진리가 나를 다시 일상으로 불러들였다.

오늘 아침 창밖 휘날리는 눈보라 속으로 아침마다 바라보는 앞산이 고은심님처럼 보인답니다. 당신 편안하게 영면하고 있지요? 왜 당신 생각만 하면 눈물이 앞을 가립니까! 오늘 은하수 공원갈게요. 금년 짝수년 생 건강검진하는 해입니다. 오전에 세종국민건강검진센터에서 검진 예약 미팅 끝내고 은하수 공원 고은심님 만

나러 갈게요.

　당신이 옆에 있으면 참 재미있고 멋지고 아름답게 살고 싶었는데. 이젠 나 혼자라도 외롭지 않게 재미있고 멋지고 아름답게 살아가렵니다. 여보 나 자랑하나 할게요. 2024 시즌오픈 파크골프 경기대회 화천 산천어 파크골프장에서 1월 30일 예선전에 세종특별자치시 선수로 출전합니다. 예선전 높은 경쟁률을 통과하면 2월 초에 결선을 하게 됩니다. 당신이 생전에 늘 했던 말. 오늘이 가장 행복한 날이고. 오늘 만나는 사람이 가장 소중한 사람이라고요.
　그렇게 살아가렵니다. 보고 싶소, 은심님!

에필로그

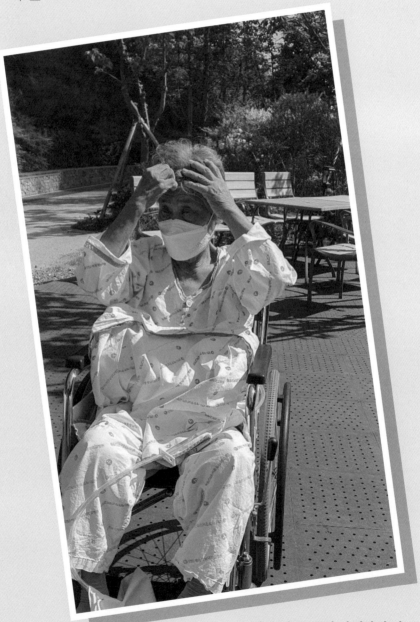

- 병원 뒤뜰, 꽃길 산책하던 날 -

꽃길 산책길 데이트가 마지막 일 줄이야.

오늘은 고은심님이 떠나신 지 19일 째 되는 날이다. 왜 이렇게 가슴이 미어지고 눈물이 앞을 가리는지. 4월 2일 밤 10시 아파트 13층 거실에서 "나 피곤해서 일찍 들어가 쉴래요" 라고 한마디 건네고 열려있는 침실 문 쪽으로 이동 중에 예기치 않았던 돌발 사고가 발생했다. "조심해서 잘 들어가요."

이 말 한마디가 큰 화를 부른 것 같다. 그냥 못 들은 척하고 침실로 들어갔으면 큰 화를 면했을 텐데

"뭐라고 했어요?"

하면서 뒤돌아서는 순간 발이 꼬여 약한 하체가 중심을 잃고 넘어지는 낙상이라는 화를 입게 되었다. 침실로 이동할 때 아무 말도 하지 않았더라면 뭐라고 했냐고 묻지도 말고 그냥 지나쳤으면 화를 면했을 텐데 일진이 안 좋았는지.

상상도 할 수 없는 변고가 발생했다. 왼쪽 손으로 왼쪽 허벅다리를 만지며 고통스러워하는 우리 고은심님의 표정을 읽을 수가 있었다. 큰 사고는 아니겠지 하면서 여보 많이 고통스러워요, 새 아침 날이 밝아야 병원 갈 수 있어요, 화장실 가고 싶어요, 움직일 수 없고 미동을 할 수 없는 상황이 발생했음을 직감하게 되었다.

119 긴급 구호 차량 지원 요청을 했다. 주일 저녁에 발생한 일이다. 23년 4월 2일 밤에 발생한 악몽 같은 사건으로 2개월 동안 병상에서 차마 옆에서 지켜볼 수 없는 투병 생활 끝에 6월 2일 오후 2시 하나님의 부르심을 받고 고은심님은 소천하게 되었다. 많이 울었다, 울고 또 울고 눈물이 앞을 가리기를 시도 때도 없이 이어졌다. 나에겐 가장 소중한 사람이다. 60년을 같이 살아 온 진정한 동반자였다.

병원 침대에서 돌아눕지도 못하고 반드시 누운 자세로 천장만 바라보는 허구한 날을 보내야 하니 얼마나 답답한 고역일까 생각만 해도 끔찍한 고통의 시간을 보내야 했다. 답답함을 못 참아 손으로 주사바늘과 간이 산소 호흡 줄을 제거한다고 양 손을 묶어 놓는 상황까지 보게 되었다. 어쩔 수 없는 일이지만 옆에서 지켜보는 보호자 입장에서는 가슴이 미어졌다. 고은심님의 볼에 내 얼굴을 파묻고 한없이 울기도 했다.

한 동작 자세로 누워있는 환자에게 보호자인 나는 아무것도 해줄 수 없는 무력하고 나약한 남편이라는 게 많이 고통스러웠다. 내가 환자 옆에서 고은심님을 지켜주고 시선이 마주치면 환자의 눈가에 미소 띤 얼굴 안색이 편해 보였다. 오늘도 아침 일찍 서둘러 세수하고 간단하게 아침 식사 마치고 정장은 아니지만 검정색 바지, 검정무늬 티셔츠에 가벼운 하늘색 마이를 단정하게 차려입고 서둘러 병원으로 향했다.

아침식사 전에 병원 5층 병실로 올라갔다. 고은심님 얼굴이 편해 보였다.

"잠 잘 잤어요? 당신이 편안한 단잠을 자야 간병인도 단잠을 잔답니다. 당신 안색이 편해 보여요. 잘 잤나 봐요?"

고은심님이 뜬금없이 내 얼굴을 마주하며

"오늘 당신 멋쟁이로 보여요. 고맙네요."

듣는 내 기분이 좋았다. 빨리 툭툭 털고 일어나 휠체어까지만 앉을 수 있으면 좋겠네요. 평생 동안 당신 뒤에서 휠체어 밀고 다니며 철철이 계절 따라 돌아다니고 싶구요. 5월 15일 대학병원 치료를 마치고 떠나는 날이다. 퇴원하면 바로 집으로 갈 수 없단다. 재활병원에서 일정 기간 재활치료를 받는 수순이 있나 보다. 퇴원 전날 5층 병실 심혈관 내과 수간호사가 낯선 재활병원으로 이동하는데 따른 설명을 들려주었다.

내일 아침 11시에 재활병원 구급차량과 이동 침대로 이송한다는 일정 계획이 잡혀 있었다. 5월은 계절의 여왕답게 봄꽃이 만개해 있는 계절이다. 우리 농장 가마골 블루베리 농장에도 영산홍,

산철쭉, 백철쭉, 수선화 꽃이 만개해 있었다. 빨리 툴툴 털고 건강 회복해서 우리 농장 꽃 보러 가야지요, 목단 꽃, 작약 꽃, 수국, 5월에 피는 봄꽃이 만개해 있고 새싹 잎이 땅 위로 올라와 일조량을 시샘이라도 하듯 나폴 거리는 산책길 꽃길을 예쁘게 만들어 놓은 곳이 있다.

대학병원 1층 병원 입구 동산 밑으로 만들어 놓은 산책길 꽃길이다. 환자를 휠체어에 태우고 꽃길을 걷고 싶었다. 꽃을 무척 좋아했다. 농장에도 이른 봄에 제일 먼저 선보이는 수선화 꽃을 시작으로 많은 꽃을 심고 가꾸는 일을 좋아했다.

수간호사님, 고은심 환자 내일 아침 11시 이곳 대학병원을 떠납니다. 1층 꽃길이 너무 예뻐요. 40여 일 머물던 병원을 떠나게 됩니다. 봄바람 향기 풍기는 푸른 산, 파란 하늘 보여주고 싶고 휠체어에 태워 산책길 걷고 싶어요. 간호사님. 허락 해 주실 수 있습니까?

햇빛을 오랫동안 못 봐서 오래 지체하시지 말고 다녀오시라는 허락을 받았다. 병상 생활 40여 일 중 처음 간병인의 도움으로 휠체어에 올라앉게 되었다. 1층 로비를 지나 건물 밖으로 이동, 꽃길 산책길로 나오게 되었다. 5월, 파란 하늘과 푸른 숲 화무는 십일홍이 무색할 정도로 예쁜 봄꽃들이 환자인 고은심님을 환대라도 해 주듯 반겨 주었다.

고은심님도 기분 좋은 표정이었다. 왼손, 오른손 두 손 손가락 사이로 앞머리를 가르마하는 모습이 정겨워 보였다. "여보 어때요 좋지요? 기분 좋아요. 기분 좋지요? 얼마 만인가요?" 유난히도 맑은 하늘 봄날의 아침 햇빛이 싱그러웠다. 환자에게는 면역력도 도움이 될 것 같은 아침 햇빛이다. "당신의 강한 의지력으로 건강 회복될 거예요. 당신 옆에는 항상 내가 지켜줄 테니 훌훌 툴툴 털고 우리 안식처로 돌아가야지요. 당신이 덮고 자던 침구도 신던 신발도 그 자리에 당신 돌아오기만을 기다리고 있어요."

10시가 넘었다. 재활병원 구급차 올 시간이 임박했다. 5층 병실로 올라갔다. 구급차에 실려 좁은 침대 옆에 나와 고은심님과 같이 난생 처음, 보지도 듣지도 못한 유성 모처 재활병원으로 이동하게 되었다. 낯선 곳이다. 의료진, 간호사, 간병인 모두가 낯선 곳이다. 병실도 낯설고 내 가슴이 답답해졌다.

생소한 이곳에 위중한 환자, 가장 소중한 사람 고은심님을 맡겨도 되는지 판단이 흐려진다. 재활병원이 대학병원보다 접근 통제가 더 심해 보였다. 내가 옆에 없으면 많이 찾을 텐데 하면서도 어쩔 수 없이 위탁 계약 약정이 되었으니 미어지는 가슴을 안고 "여보 미안해요. 혼자서 낯선 사람, 낯선 병실 문화에 잘 적응하시기를 바랄게요." 재활병원 재활 치료 2주가 지났다. 악몽의 세월을 보내야 했다. 코로나 19 기간이라 통제가 더 심했다.

환자의 상태는 순행을 하지 못하고 역행을 하는 듯했다. 심신이 좀 불안했다. 5월 28일 재활병원에서 재활 진료를 계속 이어가지 못하고 병세가 악화되어 다시 대학병원 응급실로 입원을 하게 되었다. 숨 쉬는 숨소리가 격해지면서 식음을 전폐하고 밥도 죽도 못 먹고 주사바늘 영양제로 연명했다. 눈물이 쉴 새 없이 쏟아진다. 우리 딸 은주를 불렀다. 은주야 엄마가 떠날 준비를 하나보다. 우리 엄마 편하게 보내드리자. 은주는 현실로 받아들여 지지 않는 것 같았다.

나는 우리 어머니 마지막 떠나실 때 내 품속에서 숨을 거두시게 했던 기억이 난다. P교수님이 소천 예언을 주셨다. 교수님, 마지막 떠나가는 길입니다. 가족들이 고은심 환자 얼굴 한번 보고 머나먼 길 소천 할 수 있도록 도움을 주실 수 있겠습니까?

임종방 하나 만들어 드릴께요. 생각지도 않았던 임종방 병실 독실을 하나 만들어 주셔서 6월 1일 아침 7시 임종방으로 이송이 되었다. 직계가족, 근친, 친지들이 임종방을 다녀갔다. 하루 전에 임종 방에서 아들 딸 며느리 자식 같은 조카, 친정 동생 내외가 병실을 다녀갔다.

독일에서 오는 큰아들 마지막으로 보고 떠날 줄 알았는데 숨 거두고 30분 후에 큰아들이 와서 엄마 곁을 지켰다. 끔찍하게도 큰아들에게 마음 의지하고 살았는데. 마지막 임종은 사랑하는 딸 은주가 숨 거두는 순간을 지켜봤다.

여보! 편하게 가시게.
좋은 곳으로 소천 하시게나.
우리 가족 걱정일랑 접어두시고 편안하게 가시게나.
미안하오.
당신이 60년 동안 내 옆을 받들어 주고 지켜줘서
고마운 마음 지키며 살아갈게요.

5월 15일 아침 산책길 꽃길이 마지막 데이트가 될 줄이야. 가장 소중한 사람 고은심님을 먼저 보낸 나는 죄인이외다.

여보! 부디 영면 하시게나.

고은심 여사의 숨결이 배인 유품들

아내는 솜씨가 좋고 영리한 여인이었다. 그림 솜씨도 좋아서 집
안의 찻잔, 접시, 방석, 이불보 등에 직접 그림을 그리거나 수를
놓아서 우리집은 아내의 향기가 곳곳에 배어있다.

참, 따뜻하고 아름다운 여인이었다.

2019. 8. 독일에서

- 아내와 고명딸 은주. 독일에서 -

- 밥 그릇, 국 그릇, 찻잔 등 고은심님 유품작 -

- 유럽여행중 아내의 마음을 뺏었던 스탠드 -

- 접시, 방석, 침대이불의 꽃자수 유품 -

가마골 Blueberry farm

블루베리

농장

Kamakol Health · Blueberry

주소 충남 연기군 전의면 금사리 9번지
연락처 010-4410-6500

행복한아침 ó

가마골 블루베리 농장
- 백류정사에서 부는 휘파람

초판 1쇄 2024년 4월15일

지은이 | 이기용
펴낸곳 | 추억의 뜰
펴낸이 | 김경희
편 집 | 한상범
표 지 | 양현지

주 소 | 대전시 유성구 대학로 85, 5층
전 화 | 042 632 5400 / 010 6628 0536
이메일 | rlarudgml@gmail.com

lSBN   979-11-987340-0-6

추억의뜰은 평범한 한 사람의 발자취를 기록으로 남기고 있습니다.
기억과 추억이 모여 한 권의 책이 되는 숭고한 여정에 함께 하겠습니다.

가마골 블루베리 농장
- 백류정사에서 부는 휘파람